Hernandes Dias Lopes

JOEL
O profeta do pentecostes

© 2008 Hernandes Dias Lopes

1ª edição: janeiro de 2009
11ª reimpressão: janeiro de 2022

REVISÃO
Roselene Sant'Anna
João Guimarães

CAPA
Souto Design (layout)
Patrícia Caycedo (adaptação)

DIAGRAMAÇÃO
Sandra Oliveira

EDITOR
Aldo Menezes

COORDENADOR DE PRODUÇÃO
Mauro Terrengui

IMPRESSÃO E ACABAMENTO
Imprensa da Fé

As opiniões, as interpretações e os conceitos emitidos nesta obra são de responsabilidade do autor e não refletem necessariamente o ponto de vista da Hagnos.

Todos os direitos desta edição reservados à
EDITORA HAGNOS LTDA.
Av. Jacinto Júlio, 27
04815-160 — São Paulo, SP
Tel.: (11) 5668-5668

E-mail: hagnos@hagnos.com.br
Home page: www.hagnos.com.br

Editora associada à:

Dados Internacionais de Catalogação na Publicação (CIP)
(Câmara Brasileira do Livro, SP, Brasil)

Lopes, Hernandes Dias
 Joel: o profeta do Pentecostes / Hernandes Dias Lopes. — São Paulo: Hagnos, 2008.
(Comentários Expositivos Hagnos).

Bibliografia
ISBN 978-85-7742-047-6

1. Bíblia. AT - Joel - Crítica e interpretação   2. Joel (profeta bíblico)   I. Título

08-09994   CDD-224.806

Índices para catálogo sistemático:
1. Joel: Livros proféticos: Bíblia: Antigo Testamento:
Interpretação e crítica 224.806

Dedicatória

DEDICO ESTE LIVRO ao querido casal José Maria Barboza e Gleuza Colodeti Barboza. São irmãos preciosos, amigos achegados, companheiros de jornada, bálsamo de Deus em nossa vida, família e ministério.

Sumário

Prefácio   7

1. **O homem, seu tempo e sua mensagem**   11
   (Jl 1.1)

2. **Quando Deus disciplina seu povo**   27
   (Jl 1.1-20)

3. **Quando Deus declara guerra a seu povo**   45
   (Jl 2.1-11)

4. **Quando Deus chama seu povo à conversão**   63
   (Jl 2.12-17)

5. **Quando Deus restaura o seu povo**   83
   (Jl 2.18-32)

6. **Quando Deus julga as nações**   101
   (Jl 3.1-21)

Prefácio

GLORIFICO A DEUS pela instrumentalidade de nosso amado pastor, Rev. Hernandes Dias Lopes, ao lhe conceder sabedoria, inteligência e entendimento na Palavra. Sinto-me honrado pela oportunidade de prefaciar este comentário expositivo do livro do profeta Joel. Sempre fico maravilhado ao ouvir os sermões do Rev. Hernandes e ler os seus livros. Vejo o nosso ministro como alguém que, ao abrir a Palavra de Deus, encontra nela uma arca de tesouros inesgotáveis. Suas mensagens são cheias de lições ricas para a vida cristã. Enquanto ele prega e escreve, podemos distinguir claramente a unção, prudência e segurança nas Escrituras.

O estilo literário analítico e descritivo do autor nos mostra uma obra com uma série de pontos e subpontos, levando-nos a um estudo pormenorizado de diversos aspectos da verdade revelada, utilizando uma vasta bibliografia, interagindo com escritores de escol, do passado e do presente, apresentando opiniões, concordando e emitindo juízos pessoais, para tornar ainda mais clara a mensagem para a edificação do Corpo de Cristo.

O comentário de Joel que o leitor tem em mãos é um livro oportuno e atual. Está dividido em seis capítulos, sendo que já no primeiro capítulo nos é apresentado o mapa do que virá mais adiante. Em particular, destaco o comentário que o autor faz das "principais ênfases do profeta". Ali ele nos mostra a conseqüência do pecado e da desobediência, ao mesmo tempo em que descreve as bênçãos do arrependimento sincero. Essa parte do livro constitui um chamado urgente ao arrependimento sincero e à conversão. Essa é a única maneira de nos livrarmos, no Dia do Senhor, que será um dia de lamentos e densas trevas, dia de nuvens e escuridão para aqueles que estiverem despreparados.

Deus disciplina o seu povo. A disciplina divina é detalhada com termos fortes, como: mensagem aterradora, calamidade assoladora, lamentação constrangedora, frustração desoladora, consternação restauradora. O povo é convocado a buscar a Deus num contexto em que até os animais estão suspirando por ele.

Vemos na seqüência o próprio Deus declarando guerra a seu povo e a seguir chamando-o à conversão. O cerne desta urgente mensagem pode ser sintetizado nas palavras do autor: "O caminho da volta é aberto quando voltamos nossas costas ao pecado e a face para o Senhor. Não há restauração espiritual sem volta para Deus".

Prefácio

Nessa volta para Deus são apresentadas a forma de voltar-se, a urgência, as motivações e as possibilidades. O texto também deixa claro tanto a convocação para a volta quanto os integrantes dessa volta, destacando-se o papel da liderança, como exemplo. Nessa volta para Deus, não podem faltar os jovens nem as crianças. Até os recém-casados, devem abandonar os seus privilégios e engrossar as fileiras daqueles que têm pressa para esse acerto de contas com Deus. Os sacerdotes devem chorar e orar pelo povo a fim de que Deus o poupe das calamidades.

Aqueles que obedecem e se sujeitam ao Senhor encontram misericórdia e são restaurados. Experimentam a dádiva das bênçãos grandiosas de Deus e o derramamento do Espírito Santo: promessa sublime, segura, abundante e abrangente, que quebra preconceitos e sinaliza grandes intervenções de Deus.

No decorrer do livro entendemos que o Deus Soberano e Criador se manifesta graciosamente a Seu povo como Iavé, o Senhor, o Deus do Pacto, da Aliança, que se relaciona com amor incompreensível, mas também com juízo e disciplina, a fim de resgatar seus escolhidos e retribuir sua ira às nações, tomando vingança por todos os males impostos a seus filhos.

Recomendo, portanto, a leitura deste livro a todos os leitores, desde os jovens aos anciãos; dos líderes aos pastores, na certeza de que esta obra será um instrumento nas mãos do Eterno para chamar o povo ao verdadeiro e urgente arrependimento.

Presbítero Pedro Miguel Angel Castillo Díaz

Capítulo 1

O homem, seu tempo e sua mensagem
Joel 1.1

Os PROFETAS MENORES são absolutamente relevantes para a nossa época. Sua mensagem é contundente, oportuna e urgente. São chamados de profetas menores não porque são menos importantes do que os profetas maiores, mas porque escreveram mensagens mais resumidas. Os profetas menores são perturbadoramente atuais. Eles são nossos contemporâneos. Embora tenham vivido há mais de 2.500 anos, abordam temas que ainda estão na agenda das famílias, das igrejas e das nações. Eles são atemporais. São mais atuais do que os periódicos semanais mais lidos dos nossos dias.

Os profetas menores são desesperadoramente necessários. A mensagem deles não é periférica, mas toca no cerne dos problemas que ainda hoje afligem a alma humana. Joel, em especial, fala que o pecado atrai o inevitável juízo divino, enquanto o arrependimento traz bênçãos materiais e espirituais; temporais e eternas.

Os profetas menores lamentavelmente têm sido esquecidos pela nossa geração. Poucos cristãos lêem com a devida atenção esses preciosos compêndios proféticos. Poucos pregadores expõem com clareza, fidelidade e sistematicidade esses livros no púlpito. Poucos comentaristas na atualidade escrevem sobre a mensagem desses profetas. Precisamos resgatar a atualidade desses arautos de Deus. Nosso propósito neste livro é trazer a lume a mensagem do profeta Joel, expô-la com simplicidade e fidelidade, oportunizando, assim, sua mensagem para os nossos dias para podermos aplicá-la às nossas necessidades.

A vida do profeta

O Antigo Testamento, entre os livros de Samuel e Neemias, faz referência a doze diferentes homens que receberam o nome de Joel.[1] Esse, porém, é distinguido dos demais pelo nome de seu pai, Petuel. Nada mais sabemos sobre a pessoa do profeta além do nome de seu pai. O nome do profeta é mencionado apenas duas vezes na Bíblia (Jl 1.1; At 2.16).

Na cultura hebraica o nome tinha uma conexão com a vida. Os pais escolhiam o nome dos filhos não pela beleza sonora, mas pelo significado espiritual. Joel significa "O Senhor é Deus". Seu nome é uma confissão de fé que expressa duas verdades benditas. A primeira delas é a singularidade da pessoa de Deus. Não há vários deuses. O politeísmo é

O homem, seu tempo e sua mensagem

uma criação da mente humana e não uma revelação divina. É um engano e não uma expressão da verdade. A segunda verdade destacada pelo nome de Joel é que esse Deus único é o Deus soberano. Ele é o Criador do universo. Ele é o Senhor. Ele governa sobre tudo e sobre todos. Ele é o Deus que governa a natureza, as nações e tem em suas mãos as rédeas da História.

Otto Schmoller diz que em virtude da familiaridade de Joel com o templo, os sacrifícios e o sacerdócio, podemos presumir que ele pertencia à classe sacerdotal.[2] Em virtude de sua contundente mensagem de juízo e convocação da nação ao arrependimento, William MacDonald diz que Joel tem sido chamado de o João Batista do Antigo Testamento.[3]

A data da profecia

Constitui-se matéria de acirrados debates a definição do tempo em que Joel profetizou. Está longe de haver unanimidade entre os eruditos acerca desse tempo. Não temos no livro referência específica ao tempo que Joel profetizou. Ele não faz nenhuma referência aos reis contemporâneos. Ao contrário, refere-se aos sacerdotes (1.13). Não se refere à Assíria ou à Babilônia, nações que conquistaram e exilaram Israel e Judá. E isso devido ao fato de que elas ainda não estavam em cena ou há muito teriam passado. Por conseguinte, as duas datas preferidas para situar o livro são o tempo do rei Joás (c. 830-810 a.C.) ou o tempo do Império Persa (c. 400 a.C.).[4]

David Hubbard diz que a ampla diversidade de opiniões entre os estudiosos revela como o livro carece de informações que nos ajudem a identificar a data com precisão. O nosso problema é que a parte central do livro, a invasão de gafanhotos, não deixou nenhum vestígio na história bíblica.[5] João Calvino chega a afirmar que é melhor deixar a data de composição do livro sem definição, uma vez que essa não é uma questão de grande importância.[6] Gleason Archer diz que à profecia de Joel têm sido atribuídas datas desde o século nono até o século quarto a.c., pelas várias escolas de crítica, conservadoras e liberais. Porém, na base da evidência interna, a estimativa mais razoável é a época da menoridade de Joás, durante a regência de Joiada, o sumo sacerdote, cerca de 830 a.c.[7] Nessa mesma trilha de pensamento, Jerônimo, um dos pais da igreja, afirma que Joel era contemporâneo de Oséias e que não há dúvida que Amós citou Joel.[8] Gleason Archer ainda esclarece:

> A evidência interna harmoniza-se muito mais com o ano 835 a.c. como sendo a data da composição dessa profecia, do que com qualquer data. A falta de alusões a qualquer rei no trono de Judá, a implicação de que a responsabilidade do governo dependia dos sacerdotes e dos anciãos, a alusão aos inimigos de Judá como sendo as nações vizinhas (e não a Assíria, a Babilônia ou a Pérsia) – todos esses fatores indicam conclusivamente o período da menoridade de Joás.[9]

Há argumentos, entretanto, que parecem sustentar tanto uma tese quanto outra. Bill Arnold e Bryan Beyer, bem como Clyde Francisco propõem uma data que fica entre 500 a 450 a.c.[10]

Depois de uma exaustiva análise das diversas opiniões e uma investigação mais detalhada do texto de Joel, cheguei à conclusão de que a data mais antiga é a que tem mais consistência. Edward Young, subscrevendo o período pré-exílico, diz que a posição de Joel entre Oséias e Amós parece mostrar que a tradição judaica considerava Joel como livro mais antigo.[11]

O homem, seu tempo e sua mensagem

Charles Feinberg é da opinião que Joel é um dos mais antigos profetas escritores do Antigo Testamento, uma vez que Amós e Oséias o citam (Jl 3.16 e Am 1.2; Jl 3.18 e Am 9.13).[12] Assim, a profecia de Joel torna-se fonte de pensamentos sementeiros para muitos outros profetas.[13] Warren Wiersbe é da opinião que Joel foi, possivelmente, o primeiro profeta a escrever suas mensagens.[14] Gerard Van Groningen, porém, está correto quando diz que a data da profecia de Joel não é tudo o que importa. O escopo de suas profecias e sua relação com as profecias de outros profetas escritores é que fazem a data importante. O sumário de sua atividade profética inclui a mensagem dos profetas pré-exílicos, exílicos e pós-exílicos, do ministério de Cristo e da era do Pentecostes.[15]

O estilo do profeta

Guilherme Orr diz que o estilo do profeta é claro e vigorosamente descritivo.[16] J. Sidlow Baxter, por sua vez, diz que tanto no estilo como no assunto o livro de Joel é fascinante. Joel dificilmente pode ser igualado na vivacidade de sua descrição e no pitoresco de sua linguagem. Seus quadros por escrito que descrevem a terra destruída pela praga, o exército invasor de gafanhotos e a reunião final de todas as nações no vale do juízo são obras-primas em miniatura de forte realismo.[17]

Joel escreve como um poeta lírico e dramático. Suas descrições do ataque dos gafanhotos são vívidas, dramáticas e reais. Por exemplo, ele descreve os gafanhotos como exército, como nação e como povo. Eles marcham em ordem; têm os dentes de leão e os queixais de uma leoa. Eles se apresentam como cavalos de guerra, como o estrondo de carros militares.[18] Joel revela profundo conhecimento da voracidade e destrutibilidade do ataque dos gafanhotos. Suas descrições são rigorosamente compatíveis com os detalhes científicos desses bandos avassaladores.

Joel demonstra, também, um profundo conhecimento da vida religiosa do seu povo. Detalha com precisão o templo, as ofertas, as oferendas, o culto, os sacerdotes como ministros do Senhor. O livro deixa claro que Joel exerceu o seu ministério na cidade de Jerusalém. É aos habitantes dessa cidade que se dirige (2.23). É Jerusalém que vê em perigo (2.9). É em Sião que soará o "alarme" (2.1,15). É no monte Sião e em Jerusalém que se dará a salvação no futuro (2.32). É o cativeiro de Judá e de Jerusalém que então findará (3.1), e Judá e Jerusalém serão "habitadas para sempre" (3.20). O reino de dez tribos no Norte não é mencionado nem sequer uma vez.[19]

As comparações literárias do profeta são interessantes, especialmente do ponto de vista da teologia, diz A. R. Crabtree. A praga dos gafanhotos é um julgamento e um aviso do Dia do Senhor (1.15; 2.1; 2.10). A libertação da praga de gafanhotos é pelo arrependimento (1.13,14; 2.12-17). Depois da praga dos gafanhotos, o povo recebe as bênçãos da prosperidade e liberdade do poder dos inimigos (2.19,22,24; 3.18). Depois da libertação do poder das nações, o Senhor habitará no meio do seu povo (2.27; 3.21).[20]

Outra característica do estilo literário de Joel, segundo A. R. Crabtree, é o uso de contrastes.[21] Joel contrasta o sofrimento dos homens e animais provenientes da praga de gafanhotos (1.4-20) e a sua felicidade na restauração da produtividade da terra (2.18-27). Contrasta o julgamento divino das nações com as ricas bênçãos do povo do Senhor (2.28–3.21).

Há um grande debate entre os estudiosos se o livro é literal, alegórico ou apocalíptico. Alguns eruditos como

O homem, seu tempo e sua mensagem

Calvino pensam que o capítulo primeiro é um relato literal e que o capítulo segundo seja uma alegoria do ataque dos exércitos inimigos. Há aqueles que pensam que Joel está apenas relatando uma cena alegórica para destacar uma mensagem apocalíptica. Meu entendimento, fulcrado em vários eruditos, é que a descrição de Joel é literal, porém, o cumprimento da sua profecia estende-se para outros fatos históricos que culminarão no grande Dia do Senhor. Charles Feinberg é categórico: "Devemos decidir-nos pelo ponto de vista literal".[22]

A divisão do livro

O livro do profeta Joel é dividido em duas partes. A primeira parte do livro vai de 1.1 a 2.17, e a segunda parte de 2.18 a 3.21. A primeira parte pode ser denominada: o pronunciamento da ira de Iavé, pela qual ele executa a maldição do pacto. Essa ira, entretanto, é atenuada pelo chamado ao arrependimento e pela garantia de que Iavé é misericordioso.

A segunda parte é introduzida pelo amor ativo de Iavé que o leva a procurar, defender e fazer prosperar o seu povo. Nessa segunda divisão da sua mensagem o profeta explica o derramamento do Espírito, os sinais do Dia do Senhor, o livramento dos fiéis de Jerusalém, o julgamento divino das nações e as bênçãos divinas de Judá.[23] As bênçãos do pacto virão seguramente a um povo fiel, enquanto o juízo de Deus alcançará as nações.[24]

Paul House define a primeira parte (1.1–2.17) como uma descrição da praga dos gafanhotos, e a segunda parte (2.18–3.21) como a era escatológica vindoura ou então entre o lamento com a praga de gafanhotos e a resposta de Iavé diante desse lamento.[25] Concordo com Meyer Pearlman quando diz que Joel predisse o futuro à luz do presente, considerando um acontecimento atual e iminente como símbolo de um acontecimento futuro.[26]

A resposta do Senhor para o seu povo foi composta por quatro partes. Primeira, a terra seria restaurada. Segunda, o povo passaria por um despertar espiritual. Terceira, Deus iria julgar as nações que não se arrependessem. Quarta, Judá receberia uma bênção especial bem como proeminência.[27]

As principais ênfases do profeta

Dentre as várias mensagens do profeta Joel, destacaremos quatro de suas ênfases:

Em primeiro lugar, *o pecado atrai o juízo divino*. A praga de gafanhotos, a seca e o fogo são calamidades que atingem a terra, as plantas, as fontes, o gado, os homens e o culto. Essas calamidades não são apenas catástrofes ou tragédias naturais, mas o juízo de Deus sobre o seu povo. Clyde Francisco diz corretamente que os desastres físicos acompanham a desintegração moral. O modo como um homem vive em relação a seu Deus vitalmente influenciará as suas alegrias ou tristezas terrenas.[28]

David Hubbard diz que a causa principal da praga foi o culto degenerado, pervertido pelos excessos dos participantes embriagados e dos sacerdotes negligentes, que deixou as práticas pagãs diminuírem a pureza da adoração que devia ter se concentrado somente no nome de Iavé e em seu senhorio único e exclusivo sobre o povo. A resposta verdadeira para o culto errado não era a extinção do culto, mas o culto correto. A descrição final que Joel faz de Iavé, habitando em Jerusalém, no Monte Sião, o local dos templos de Salomão e Zorobabel, é uma prova clara disso.[29]

Em segundo lugar, *quando o povo da aliança desobedece, Deus o disciplina*. As calamidades naturais eram chicotes da

O homem, seu tempo e sua mensagem

disciplina de Deus ao seu próprio povo. O povo da aliança tinha desobedecido a Deus, e para trazê-lo de volta o Senhor enviou seus agentes disciplinadores. David Hubbard diz que o grito na adoração não era "Oh!", mas "ai!" (1.15). As vítimas de Iavé na guerra santa não eram os gentios, mas o povo da aliança, que cercava o santo monte (2.1). Os grandes arcos da catedral da fé de Israel desabaram sobre o povo mediante a palavra profética: a celebração transformou-se em lamento; a confiança na inviolabilidade, em terror diante da destruição completa.[30]

Em terceiro lugar, *o arrependimento sincero suspende o castigo e traz de volta a restauração.* Se o pecado produz calamidade, o arrependimento é o portal da bênção (2.12-27). Quando o povo se volta para Deus em lágrimas, Deus se volta para o povo com bênçãos materiais e espirituais. O chamado de Deus não é arrependimento e novamente arrependimento, mas arrependimento e frutos de arrependimento. Não é suficiente rasgar as vestes, é preciso rasgar o coração. Deus não aceita um ritual de quebrantamento; ele espera um choro sincero, cujas lágrimas, como torrentes, quebram a dureza do coração.

Em quarto lugar, *o Dia do Senhor será dia de trevas para os impenitentes e bênção indizível para o povo de Deus.* O tema unificador de toda a profecia é "o Dia do Senhor". Essa frase aparece cinco vezes no livro de Joel (1.15; 2.1, 11,31; 3.14). Essa frase constitui a chave para a compreensão da profecia de Joel, particularmente de seus aspectos escatológicos e messiânicos. É importante compreender que a mensagem de Joel deve ser considerada primariamente escatológica.[31]

O Dia do Senhor será dia de juízo e vingança para os impenitentes e também de recompensa para os salvos. Será dia de luz e de trevas, de condenação e salvação. George Robinson diz que a idéia de um grande dia de juízo sai da mão de Joel tão perfeita, que seus sucessores Amós, Isaías e Malaquias passam a adotar esse mesmo conceito.[32]

As calamidades históricas são um símbolo do que será o castigo divino no Dia do Senhor. Concordo com Van Groningen quando diz que essa invasão de gafanhotos deve ser considerada um fato histórico. Quando Joel descreve essa cena, aponta para outro desastre vindouro: a invasão de uma nação inimiga (1.6). A primeira cena é usada para colocar diante do povo a imagem de um desastre ainda maior. A cena dos gafanhotos e seus desastrosos resultados leva Joel a referir-se também ao Dia do Senhor (1.15). Esse será um dia de desastre e julgamento que alcançará uma expressão mais plena quando uma nação inimiga invadir e causar devastação.[33]

A teologia do profeta

Concordo com A. R. Crabtree quando diz que Joel apresenta ensinos teológicos de muito valor.[34] Destacaremos oito pontos importantes acerca da teologia do livro de Joel.

Em primeiro lugar, *a soberania de Deus sobre a natureza*. Joel é um livro teocêntrico. A praga, o apelo ao lamento, as instruções para a conversão, a restauração, a dádiva do Espírito e a convicção da vitória final são, todos, atos de Deus.[35]

O profeta Joel vê a invasão de gafanhotos, a seca severa e a devastação do fogo como obras do julgamento de Deus. David Hubbard chega a afirmar que o conceito que Joel tinha da criação levou-o a ver os insetos como agentes do Criador, cumprindo a tarefa de julgar uma nação desobediente.[36] Iavé é responsável tanto pelo envio (2.11) quanto pela retirada de seu exército (2.20). Tanto no juízo quanto na restauração, Iavé exerce total controle. Joel vê a restauração da prosperidade, a frutificação dos campos e o jorrar caudaloso das fontes como bênção do Senhor em resposta ao arrependimento do povo da aliança. Joel não acredita em catástrofes naturais à parte da providência disciplinadora de Deus.

Em segundo lugar, *o arrependimento humano é o caminho seguro para a misericórdia divina.* O arrependimento é a porta de entrada da graça; o caminho seguro para alcançar a misericórdia divina. Duas vezes o profeta chama o povo ao arrependimento (1.13,14; 2.12-17). O arrependimento deve ser profundo, de todo o coração e também sincero; ou seja, rasgando o coração e não as vestes.

O pecado do povo da aliança traz conseqüências dramáticas não apenas para o culto e para os sacerdotes, mas também para o campo, para o gado e até mesmo para a terra. Quando o povo da aliança se volta para Deus em arrependimento, converte-se de seus maus caminhos é que Deus perdoa seus pecados e sara a sua terra (2Cr 7.14).

Em terceiro lugar, *a salvação é pela graça mediante a fé e não uma conquista das obras.* Segundo Joel, a salvação é pela graça de Deus, mediante a fé.[37] O profeta Joel faz uma declaração categórica: "Todo aquele que invocar o nome do Senhor será salvo" (2.32). Com base na profecia de Joel, a salvação pela graça mediante a fé foi livremente apresentada a todas as pessoas de todas as nações do mundo pelo apóstolo Pedro no dia de Pentecostes (At 2.39). O apóstolo Paulo aplica esse mesmo princípio a todas as pessoas, de todas as raças, de todos os lugares e de todos os tempos (Rm 10.13).

Em quarto lugar, *os líderes espirituais precisam ter discernimento do seu tempo e chamar o povo ao arrependimento*. Os sacerdotes são ministros de Deus (1.9,13,14; 2.17) e eles devem saber interpretar as causas dos problemas que afligem o povo e chamar esse mesmo povo ao arrependimento, dando-lhe o exemplo. Joel faz uma profunda conexão entre o pecado do povo da aliança com as calamidades naturais que sobrevieram sobre a terra de Judá. Ele olha para a vida como um todo. Ele sabe que a desobediência ao pacto traz maldição enquanto a obediência produz bênção (Dt 28).

Em quinto lugar, *o Deus da aliança é o Deus da restituição*. O arrependimento traz a suspensão do castigo e a volta das bênçãos (2.18-27). Quando o povo se volta para Deus em arrependimento, Deus se volta para ele em graça, restituindo-lhe tudo aquilo que o inimigo havia levado (2.18-27). A restauração divina alcança a terra, o campo, as fontes, os animais, os homens, o templo e o culto. Tudo que estava morto pelo pecado recebe vida pela conversão.

Em sexto lugar, *o derramamento do Espírito é uma promessa segura e abundante para o povo de Deus*. Joel prediz mais explicitamente que qualquer profeta, o derramamento do Espírito sobre toda a carne (2.28,29). Joel é chamado de o profeta do Pentecostes.[38] O derramamento do Espírito é uma promessa segura e abundante de Deus (2.28-32; Is 32.15; 44.3-5; Ez 39.29). Depois que o povo acerta sua vida com Deus é que o Espírito Santo é derramado sobre ele (2.28-32). O derramamento do Espírito vence o preconceito sexual, etário e social. Essa profecia cumpriu-se no dia de Pentecostes (At 2.1-13). Essa promessa ainda está disponível para os nossos dias!

Em sétimo lugar, *o Dia do Senhor é o dia do julgamento final*. A praga dos gafanhotos era apenas um tipo daquele

O homem, seu tempo e sua mensagem

julgamento final que Deus trará sobre as nações rebeldes. O Dia do Senhor será um tempo de juízo para os rebeldes e recompensa para os salvos. Nesse dia as nações serão julgadas de acordo com o seu tratamento de homens, mulheres e crianças (3.2-6,19). No seu governo moral, o Senhor triunfará sobre todas as forças do mal (3.15,16; Mt 25.31-46; Ap 14.14-20). Amós havia dito que o Dia do Senhor era de trevas, não de luz (Am 5.18,20). Joel diz que é de trevas, antes da luz. Agindo em amor, dentro da aliança, o Senhor havia poupado o povo em meio à praga e preservado a honra de seu nome perante as nações. Agora, ele tem um Dia além do Dia, em que serão manifestadas a todo o mundo a vingança – que é sua prerrogativa exclusiva e a graça que flui de sua presença única.[39]

Warren Wiersbe diz que Joel faz referência a três acontecimentos importantes, sendo que chama cada um deles de "Dia do Senhor". Ele considera a praga de gafanhotos como um Dia imediato do Senhor (1.1-20); a invasão de Judá pelos assírios como um Dia iminente do Senhor (2.1-27) e o julgamento definitivo do mundo como o Dia final do Senhor (2.28–3.21). No primeiro caso, os gafanhotos são um exército metafórico; no segundo, os gafanhotos simbolizam um exército real; e no terceiro, os gafanhotos não aparecem, mas os exércitos são extremamente reais e perigosos.[40]

Em oitavo lugar, *a restauração do povo de Deus será gloriosa.* Em contraste com as nações condenadas à destruição, os israelitas fiéis serão libertos do poder dos inimigos e recompensados com as bênçãos do Senhor. Jerusalém será eternamente livre do poder do inimigo (3.18). A terra de Israel será um jardim de prosperidade e felicidade (3.20).

Essas bênçãos são messiânicas e se cumprirão na plenitude de todas as coisas, quando a igreja de Cristo reinará com ele num reino de glória.

NOTAS DO CAPÍTULO 1

[1] CRABTREE A. R. *Profetas menores*. Rio de Janeiro: Casa Publicadora Batista, 1971, p. 15.

[2] SCHMOLLER, Otto. *The book of Joel*. In commentary on the Holy Scriptures by LANGE, John Peter. Vol. 7. Grand Rapids: Zondervan Pushing House, p. 3.

[3] MACDONALD, William. *Believer's Bible commentary*. Nashville: Thomas Nelson Publishers, 1995, p. 1.107.

[4] GRONINGEN, Gerard Van. *Revelação messiânica no Velho Testamento*. Campinas: Luz para o caminho, 1995, p. 405.

[5] HUBBARD, David Allan. *Joel e Amós*, p. 27.

[6] CALVIN, John. *Commentaries on the twelve minor prophets*. Vol. 2 – Joel, Amos, Obadian. N.d., p. 1.

[7] ARCHER, Gleason L. Jr. *Merece confiança o Antigo Testamento*. São Paulo: Edições Vida Nova, 1974, p. 343; KEIL, C. F. e DELITZSCH, F. *Commentary on the Old Testament*. Vol. 10. Grand Rapids: W. B. Eerdmans Publishing Company, 1978, p. 170.

[8] DEANE, W. J. *Joel*. In *The pulpit commentary*. Vol. 13. Grand Rapids: W. B. Eerdmans Publishing Company, 1978, p. VII.

[9] ARCHER, Gleason L. Jr. *Merece confiança o Antigo Testamento*, p. 346.

O homem, seu tempo e sua mensagem

[10] ARNOLD, Bill T. e BEYER, Bryan E. *Descobrindo o Antigo Testamento.* São Paulo: Editora Cultura Cristã, 2001, p. 444; FRANCISCO, Clyde T. *Introdução ao Velho Testamento.* Rio de Janeiro: Juerp, 1979, p. 119.

[11] YOUNG, Edward J. *An introduction to the Old Testament.* Grand Rapids: W. B. Eerdmans Publishing Company, 1953, p. 248.

[12] FEINBERG, Charles L. *Os profetas menores.* Miami: Editora Vida, 1988, p. 69.

[13] REED, Oscar F. *O livro de Joel.* Em *Comentário bíblico Beacon.* Vol. 5. Rio de Janeiro: CPAD, 2005, p. 73.

[14] WIERSBE, Warren W. *Comentário bíblico expositivo.* Vol. 4, p. 412.

[15] GRONINGEN, Gerard Van. *Revelação messiânica no Velho Testamento*, p. 406.

[16] ORR, Guilherme W. *Chaves para o Velho Testamento.* São Paulo: Imprensa Batista Regular, 1976, p. 64.

[17] BAXTER, J. Sidlow. *Examinai as Escrituras – Ezequiel a Malaquias.* São Paulo: Editora Vida Nova, 1995, p. 123.

[18] CRABTREE, A. R. *Profetas menores*, p. 18.

[19] BAXTER, J. Sidlow. *Examinai as Escrituras – Ezequiel a Malaquias*, p. 123.

[20] CRABTREE, A. R. *Profetas menores*, p. 19.

[21] CRABTREE, A. R. *Profetas menores*, p. 19.

[22] FEINBERG, Charles L. *Os profetas menores*, p. 69.

[23] CRABTREE, A. R. *Profetas menores*, p. 17.

[24] GRONINGEN, Gerard Van. *Revelação messiânica no Velho Testamento*, p. 406,407.

[25] HOUSE, Paul R. *Teologia do Antigo Testamento.* São Paulo: Editora Vida, 2005, p. 452.

[26] PEARLMAN, Myer. *Através da Bíblia.* Miami: Editora Vida, 1987, p. 147.

[27] ARNOLD, Bill T. e BEYER, Bryan E. *Descobrindo o Antigo Testamento*, p. 444.

[28] FRANCISCO, Clyde T. *Introdução ao Velho Testamento*, p. 121.

[29] HUBBARD, David Allan. *Joel e Amós*, p. 41,42.

[30] HUBBARD, David Allan. *Joel e Amós*, p. 42.

[31] GRONINGEN, Gerard Van. *Revelação messiânica no Velho Testamento*, p. 407.

[32] ROBINSON, George L. *Los doce profetas menores.* Al Paso: Casa Bautista de Publicaciones, 1983, p. 32.

[33] GRONINGEN, Gerard Van. *Revelação messiânica no Velho Testamento*, p. 407.

[34] CRABTREE, A. R. *Profetas menores*, p. 24.

[35] HUBBARD, David Allan. *Joel e Amós*, p. 40.

[36] HUBBARD, David Allan. *Joel e Amós: introdução e comentário.* São Paulo: Editora Vida Nova, 1996, p. 25.

[37] CRABTREE, A. R. *Profetas menores*, p. 24.

[38] ROBINSON, George L. *Los doce profetas menores*, p. 32,33.

[39] HUBBARD, David Allan. *Joel e Amós*, p. 26.

[40] WIERSBE, Warren W. *Comentário bíblico expositivo.* Vol. 4, p. 412,413.

Capítulo 2

Quando Deus disciplina seu povo
Joel 1.1-20

ESTE CAPÍTULO TRATA da ação disciplinadora de Deus. A calamidade que desaba sobre o povo de Judá provém das mãos do próprio Deus. A invasão dos gafanhotos não é um relato figurado, mas uma descrição literal, diz J. Sidlow Baxter.[41] Gerard Van Groningen corrobora dizendo que essa invasão de gafanhotos deve ser considerada um fato histórico.[42] A invasão assoladora dos gafanhotos não é uma tragédia natural, mas a vara da disciplina de Deus sobre o povo da aliança. Não existe acaso, coincidência nem determinismo cego. Não existe tragédia natural à parte da providência soberana de Deus.

O efeito dessa calamidade atinge os ébrios (1.5-7), os sacerdotes (1.8-10, 13-16), os agricultores (1.11,12,17,18) e até mesmo o profeta Joel (1.19,20). A nação é chamada a arrepender-se, jejuar e orar.[43] Destacaremos sete pontos importantes para a nossa reflexão.

Uma mensagem aterradora (1.1-4)

Destacamos alguns pontos relevantes:

Em primeiro lugar, *o mensageiro* (1.1). Não temos nenhuma informação complementar em toda a Escritura acerca do profeta Joel. Seu nome só é citado uma vez no livro (1.1) e outra vez no livro de Atos (At 2.16). Concordo com David Hubbard quando afirma que a breve introdução faz que a atenção do leitor volte-se do profeta para a profecia.[44] Pontuamos três coisas sobre Joel.

Seu nome. O nome do profeta Joel significa "O Senhor é Deus".[45] Seu nome o vincula ao seu Deus. Seu nome é uma espécie de profissão de fé num tempo em que Judá estava cercada por povos politeístas. Seu nome destaca a singularidade da pessoa de Deus e sua soberania.

Seu pai. A Bíblia faz menção de quatorze personagens com o nome de Joel. Esse é distinguido dos demais pelo nome de seu pai, Petuel. Esse fato sinaliza que seu pai era um homem bem conhecido e uma personalidade destacada na sociedade.[46] Petuel significa "franqueza" ou "sinceridade de Deus".[47]

Sua mensagem. Joel deixa claro que a mensagem que transmite não é sua, mas de Deus. "Palavra do Senhor, que foi dirigida a Joel..." (1.1). Joel não é a fonte da mensagem, mas seu canal. O profeta não gera a mensagem, apenas a transmite. Ele só transmite aquilo que recebe de Deus.

Quando Deus disciplina seu povo

Ele é um fiel despenseiro daquilo que lhe foi confiado. A. R. Crabtree acertadamente diz que a mensagem não é simplesmente a declaração de Joel, pois é a Palavra do Senhor, a revelação divina que veio diretamente ao profeta divinamente chamado e preparado para entender, receber e transmitir o oráculo divino ao seu povo.[48]

Em segundo lugar, *a invasão dos gafanhotos* (1.2-4). Joel faz uma descrição forte, vívida e alarmante de uma invasão avassaladora de gafanhotos em todo o território de Judá. Moisés já tinha profetizado que Deus poderia usar gafanhotos para punir seu povo se ele se tornasse desobediente (Dt 28.38,42). Para trazer juízo sobre a terra Deus não precisa usar as grandes forças da natureza como um terremoto, um dilúvio ou vários tipos de tempestade. Aqui Deus está usando insetos para executar seu julgamento contra seu próprio povo.[49] Essa primeira cena aponta para um desastre vindouro: a invasão de uma nação inimiga. Contudo, as duas invasões apontam para um fato ainda maior: o julgamento do Dia do Senhor.[50] Três coisas merecem destaque aqui:

Essa invasão é aterradora (1.4). Joel fala do gafanhoto cortador, migrador, devorador e destruidor. Cinco interpretações são dadas para elucidar esse texto. A primeira é que essa descrição aponta para os estágios da vida do gafanhoto; ou seja, as etapas sucessivas do seu desenvolvimento (larva, pupa e inseto alado).[51] A segunda é que essa descrição fala de quatro tipos diferentes de gafanhotos. Oscar Reed diz que das nove palavras hebraicas no Antigo Testamento usadas para referir-se a *gafanhoto,* quatro ocorrem nesse versículo: *gazam,* que significa "gafanhoto cortador"; *arbeh,* "gafanhoto infestante"; *jelek,* "gafanhoto saltador"; e *chasel,* "gafanhoto destruidor".[52] A terceira é que essa descrição fala de nuvens sucessivas de gafanhotos invadindo a terra.[53] Joel estaria falando, então, sobre ataques sucessivos de insetos, ressaltando a intensidade da destruição.[54] A quarta é que essa descrição fala metaforicamente dos quatro impérios que dominariam o mundo (Babilônico, Medo-persa, Grego e Romano).[55] A quinta é que essa descrição fala de demônios devoradores que atacam as finanças do povo.[56] Nossa interpretação é que Joel está falando sobre quatro tipos de gafanhotos que, em ataques sucessivos, deixam um rastro de total destruição. Matthew Henry, ilustre comentarista, interpreta esse texto também de forma literal, como acabamos de subscrever.[57]

Essa invasão é incomparável (1.2). Joel toma a História em suas mãos, olha pelas lentes do retrovisor e relembra aos anciãos, representantes políticos do povo, que jamais havia acontecido invasão tão aterradora no passado recente nem mesmo no passado remoto. Joel os desafia a admitir o caráter singular dessa experiência.[58] Joel interpreta as pragas de gafanhotos como um aviso divino da iminência do Dia do Senhor. Os velhos são chamados porque sua longa experiência e sua familiaridade com as tradições de seus antepassados os qualificariam de forma destacada para darem uma resposta precisa à pergunta.[59]

Essa invasão é para ser relembrada (1.3). Quando não aprendemos com os erros do passado, corremos o risco de repeti-los. A História precisa ser nossa pedagoga e não nossa coveira. Quatro gerações são notadas aqui. Seus ouvintes tinham de contar a catástrofe aos filhos, netos e bisnetos. James Wolfendale tem razão quando diz que os eventos de uma nação são lições para todas as nações, pois se a memória do amor de Deus não despertar em nós a gratidão, a memória dos ais do seu juízo, certamente nos ameaçará com a humilhação.[60]

Quando Deus disciplina seu povo

Em terceiro lugar, *o propósito divino*. A disciplina de Deus tem sempre um propósito. James Wolfendale nos ajuda a entender aqui dois pontos importantes.[61]

Deus vê a conduta dos homens. O pecado da nação de Judá é que atraiu o juízo divino. A invasão dos gafanhotos não foi um fenômeno natural, mas uma intervenção divina. Deus mesmo trouxe esses bandos destruidores sobre seu povo para discipliná-lo. O homem jamais pode pecar e fugir das conseqüências do pecado impunemente. O que o homem semear, isso ele ceifará.

Deus dirige os eventos da História. Não há qualquer casualidade aqui. Os gafanhotos, a seca e o fogo são agentes de Deus. Eles não agem fora do controle divino. Eles estão a serviço daquele que governa os destinos da História. Todas as coisas estão sob seu controle e tudo concorre para a realização de sua soberana vontade.

Uma calamidade assoladora (1.5-7)

Joel se dirige e conclama os vários grupos ou classes dentro da nação a lamentarem em virtude do avassalador ataque dos gafanhotos. Destacamos alguns pontos.

Em primeiro lugar, *uma insensibilidade notória* (1.5). Joel emboca a trombeta àqueles que viviam entregues aos prazeres, ao vinho e à embriaguez, completamente indiferentes e insensíveis às portas do juízo. Esses ébrios estavam farreando apesar do perigo iminente; estavam fechando seus olhos apesar das evidências estarrecedoras do julgamento manifesto. Estavam entorpecidos e endurecidos. O vinho havia anestesiado seus sentimentos e eles se divertiam mesmo diante da chegada de grande calamidade. Richard Patterson diz que Joel está condenando aqui o mau uso do vinho, que tinha levado o povo à embriaguez e à perda da vitalidade espiritual.[62]

A embriaguez é um vício devastador. O álcool é um ladrão de cérebros. Ele anestesia a consciência, endurece o coração e calcifica a alma. James Wolfendale diz que todo pecado é maléfico, mas a embriaguez intoxica a mente, cauteriza a consciência, endurece o coração e faz da sociedade um ambiente sórdido e egoísta (Pv 23.29-35).[63] Joel clama a esses bêbados para se despertarem do seu torpor e se levantarem de sua embriaguez, uma vez que a calamidade estava às portas.

O livro do profeta Daniel mostra como o megalomaníaco Império Babilônico caiu numa noite de bebedeira. Muitas vidas ainda hoje são ceifadas pelo efeito devastador do álcool.

Em segundo lugar, *uma devastação irresistível* (1.6a,7). Todas as criaturas estão sob o controle de Deus. Joel descreve os bandos de gafanhotos como um povo poderoso e numeroso que devasta e assola tudo quanto encontra pela frente. Esses insetos cortam as folhas, derrubam os frutos, arrancam a casca e deixam os galhos das plantas esbranquiçados.

O profeta compara a invasão da terra pelos gafanhotos com a campanha agressiva de uma poderosa nação. João Calvino interpreta a invasão desse povo poderoso como uma guerra avassaladora que virá sobre a nação de Judá. Essa invasão militar seria mais uma ação disciplinadora de Deus para trazer seu povo de volta à obediência.[64]

Os gafanhotos são poderosos, inumeráveis e bem organizados (2.2). São poderosos por causa do seu número e de sua capacidade de destruir a vegetação. Em 1889, um enxame de gafanhotos, estimado em 24 bilhões e 420 milhões, voou sobre o mar Vermelho provocando uma indescritível devastação na região.[65]

Quando Deus disciplina seu povo

Outra invasão semelhante aconteceu na Palestina em 1915. Fotografias tiradas depois da praga mostraram árvores completamente descascadas, brancas e cintilantes à luz do sol.[66]

Em terceiro lugar, *uma destruição inevitável* (1.6b). Joel descreve esses gafanhotos como tendo dentes de leão e queixais de leoa. Dificilmente uma presa escapa depois de ser abocanhada por um leão. Seus dentes são armas mortais. A destruição da presa é inevitável. Allan Hubbard diz que tão voraz é o apetite dos gafanhotos e tão fortes são suas mandíbulas que nenhuma fruta, folha, ramo ou casca consegue sobreviver a seu ataque.[67]

Fritz Rienecker diz que os gafanhotos, originários do deserto, invadem áreas cultivadas em busca de comida. Podem viajar em colunas de mais de cem metros de altura e seis quilômetros de comprimento, deixando a terra nua de toda vegetação.[68] Nessa mesma linha de pensamento, William Barclay diz que os gafanhotos são insetos insaciáveis. Eles comem e defecam ao mesmo tempo. Quando passam por uma região devastam tudo. Em 1866, uma praga de gafanhotos invadiu a Argélia, e tão grande foi a devastação que duzentas mil pessoas morreram de fome nas semanas seguintes por falta de alimento.[69]

Uma lamentação constrangedora (1.8-10)

A tragédia da invasão dos gafanhotos leva o profeta Joel a exortar o povo a lamentar. Mais uma vez James Wolfendale lança luz no entendimento desse assunto ao destacar dois pontos sobre essa lamentação.[70]

Em primeiro lugar, *a natureza da lamentação* (1.8). O povo devia lamentar como uma noiva que ficou viúva antes mesmo de casar-se. As pessoas deviam chorar amargamente pela perda da comunhão com Deus, como uma viúva chora no funeral do seu marido. Os hebreus conheciam dois exemplos terríveis de luto: 1) A tristeza de uma mulher prometida em casamento cujo futuro esposo morre antes de poderem desfrutar relações sexuais, e sofre porque o nome de seu marido desaparece antes que pudesse ter um herdeiro; 2) o pranto por um filho único com quem morre o nome da família (Am 8.10).[71]

Joel está dizendo com isso que seria monstruoso o povo não chorar e não lamentar diante de tamanha calamidade. Pior do que o pecado é a falta de consciência dele. Pior do que a transgressão é a falta de arrependimento.

Em segundo lugar, *a razão da lamentação* (1.9,10). O profeta Joel aponta duas razões pelas quais o povo deveria lamentar.

O templo foi abandonado (1.9). João Calvino está correto quando diz que ninguém havia ficado mais ofendido com os pecados do povo do que o próprio Deus. Por isso, as ofertas de manjares e a libação foram cortadas da Casa do Senhor como um sinal do desgosto divino.[72] Os sacerdotes estão de luto porque o culto coletivo foi suspenso, uma vez que os gafanhotos devoraram as vinhas, os olivais e tudo aquilo que constituía as ofertas de comida e bebida na casa de Deus. Keil bem resume a situação: "Israel não poderia experimentar agora nenhuma calamidade maior do que a suspensão do sacrifício diário; porquanto isso era, na prática, a suspensão da relação da aliança – um sinal de que Deus havia rejeitado seu povo".[73] Crabtree diz que os judeus ficaram horrorizados quando Antíoco Epifânio proibiu os sacrifícios em Jerusalém no ano 168 a.C. Sofreram a mesma vergonha e humilhação sob o domínio dos romanos no ano 70 d.C.[74]

Quando Deus disciplina seu povo

A terra foi devastada (1.10). A devastação da terra, a destruição da lavoura e o fracasso das colheitas representavam um colapso total para a economia da nação. O resultado disso seria a pobreza, a fome e a morte.

Charles Feinberg faz uma descrição dramática dessa situação:

> A desolação não deixou nada por tocar; tudo foi atingido: o campo, o cereal, a vide, a oliveira, o trigo, a cevada, a figueira, a romeira, a palmeira, a macieira, todas as árvores. Em resumo, tudo havia sofrido o efeito maléfico do flagelo dos gafanhotos. Toda a alegria se fora, pois a colheita e a vindima lhes foram negadas. A gravidade da situação é acentuada pelo acúmulo de palavras descritivas de ruína e desolação: *cortada* (1.9); *assolado, luto, destruído, secou, murcharam* (1.10); *pereceu* (1.11); *secou, murchou, secaram* (1.12).[75]

Uma frustração desoladora (1.11,12)

O profeta Joel destaca, agora, o desapontamento dos agricultores. Duas coisas merecem nossa atenção.

Em primeiro lugar, *trabalho desperdiçado* (1.11,12a). A devastação nas lavouras foi geral e total. As colheitas de trigo e cevada pereceram. As vinhas foram completamente arrasadas e secaram. As figueiras, as romeiras, as palmeiras e as macieiras estavam murchas. Todas as árvores do campo se secaram. Todo o trabalho despendido na preparação da terra, na semeadura e no cultivo dos frutos foi desperdiçado. Os agricultores semearam e plantaram, mas não colheram. Eles trabalharam, mas não desfrutaram do fruto do seu labor.

Em segundo lugar, *alegria frustrada* (1.12b). A morte das lavouras, a ausência de frutos, o colapso da economia, a paralisação dos rituais no templo produziram no povo uma profunda tristeza. A alegria foi embora da vida dos filhos dos homens. Nada produz mais tristeza no meio do povo de Deus do que o pecado. A igreja enfrenta a perseguição e o sofrimento com alegria indizível e cheia de glória quando caminha em santidade. Porém, quando o povo de Deus se rende ao pecado, a tristeza é sua porção diária. O aparente prazer do pecado tem gosto de enxofre.

Uma consternação restauradora (1.13,14)

Joel dirige-se, agora, aos sacerdotes, ministros do Senhor, os líderes espirituais da nação. Eles deveriam reagir diante da situação. Não podiam se conformar com a decretação da derrota. Não podiam perder a esperança. Não podiam se entregar à indiferença. Ao contrário, deveriam lamentar e chamar o povo a um arrependimento sincero, profundo e urgente. Joel destaca três coisas que os sacerdotes deveriam fazer.

Em primeiro lugar, *eles deveriam chorar pelos pecados da nação* (1.13). A liderança espiritual precisa ter o coração quebrantado e os olhos molhados de lágrimas. Como eles deveriam chorar?

Chorar com humilhação (1.13). Eles deveriam se vestir de pano de saco, símbolo da mais profunda humilhação. O pecado é a maior de todas as tragédias. O pecado é o opróbrio das nações. O pecado é pior do que a pobreza, do que a fome, do que a doença e do que a própria morte. Esses males, por mais dramáticos, não podem nos afastar de Deus, mas o pecado nos separa de Deus agora e para sempre.

Chorar com constância (1.13). Os sacerdotes deveriam passar a noite toda lamentando, uivando, chorando em estado de profunda humilhação diante de Deus. O choro do arrependimento não pode ser cênico e teatral, mas sincero, profundo e constante.

Chorar com consciência (1.13). Eles deveriam saber a razão de estarem chorando. O templo era o centro da vida da nação. O culto a Deus era a razão principal da vida do povo da aliança. A ausência das ofertas do culto era o motivo principal pelo que precisavam chorar. A igreja deve chorar ainda hoje ao ver as pessoas indiferentes às coisas de Deus.

Em segundo lugar, *eles deveriam convocar um jejum nacional* (1.14). O jejum é um exercício espiritual da mais alta importância. Quem jejua tem urgência. Quem jejua tem pressa para buscar o Senhor. Quem jejua tem fome de Deus. Dionísio Pape diz corretamente que quem jejua afirma tacitamente que a resposta divina à oração é mais importante que o sustento do corpo. É a subordinação do físico ao espiritual, que caracteriza todos os gigantes da fé. Moisés e Jesus jejuaram quarenta dias. O apóstolo Paulo jejuava regularmente. Hoje, parece que a igreja está convencida de que a atualidade do jejum não é para os nossos dias. Ela depende mais de campanha financeira e de organização para evangelizar o mundo do que de jejum e oração. Às vezes, só uma calamidade de enormes proporções, como a do tempo de Joel, convence o homem a orar e jejuar.[76]

Os anciãos, os líderes devem ser os primeiros a buscar o Senhor. Ninguém deveria ficar de fora desse momento de busca. Todos os moradores de Judá deveriam buscar a Casa do Senhor. O momento era de calamidade nacional e não bastava um acerto individual. A volta para o Senhor precisava ser coletiva.

Crabtree diz que todas as pessoas da comunidade deviam reunir-se para confessar seus pecados perante o Senhor na consciência de que a própria presença dessa catástrofe era uma chamada divina ao arrependimento (Am 4.6-12).[77]

Em terceiro lugar, *eles deveriam levantar um clamor coletivo a Deus* (1.14b). Os sacerdotes deveriam convocar uma grande reunião de oração. Uma reunião de arrependimento, de clamor, de busca. Há momentos em que o povo precisa sair de suas casas e caminhar na direção da casa de Deus. Há tempo para o culto individual. Porém, agora é um tempo para um grande culto coletivo; não de celebração, mas de choro, de clamor, de arrependimento.

Um dia aterrador (1.15-18)

A expressão "O Dia do Senhor" refere-se a qualquer tempo quando Deus se levanta para enviar seu julgamento sobre a terra, triunfando gloriosamente sobre todo o mal e rebelião.[78] Dois fatos merecem destaque com respeito ao Dia do Senhor.

Em primeiro lugar, *esse dia está perto* (1.15). O ataque dos gafanhotos era uma antecipação e um tipo daquele dia assolador. Assim como a invasão dos gafanhotos foi um ataque iminente, implacável e irresistível, assim também, será o Dia do Senhor. Raymond Calkins diz que o Dia do Senhor é tão iminente que não há tempo para mais nada, exceto fazer que as pessoas sintam que a mão do Senhor está sobre elas, que essa calamidade é um ato de Deus que exige arrependimento e uma volta a ele, de quem tinham se esquecido.[79]

Em segundo lugar, *esse dia é aterrador* (1.15b-18). Joel descreve o Dia do Senhor como a assolação do Todo-poderoso. Essa assolação atinge os campos, pois o mantimento é destruído. Atinge o templo, porque nele não há mais a alegria do culto. Atinge a semeadura dos campos, pois devido à seca a semente nem sequer chega a brotar. Em face dessa calamidade os celeiros e os armazéns ficaram vazios e

Quando Deus disciplina seu povo

destruídos. Essa assolação alcançou também os animais do campo. O gado inquieto e faminto busca alimento e não encontra. As ovelhas perecem sem ter o que comer. Três coisas devem ser aqui destacadas. *O sustento humano é removido* (1.16). Onde falta pão, a inquietação domina. Onde a fome se estabelece, reina o desespero. O que falta não é o luxo, mas o pão. *A alegria festiva do culto é encerrada* (1.16b). Sem alimento, as oferendas do templo cessaram e quando as oferendas cessaram, cessou também a alegria do culto. A vida espiritual do povo estava entrando em colapso. *A seca severa é desesperadora* (1.17,18). A seca torna todo investimento da semeadura inútil. A esperança é frustrada, o trabalho é inócuo e a semente perdida. Até os pastos foram devastados pela seca. As manadas de bois e as ovelhas inquietas pereceram. João Calvino entende que o profeta Joel está, aqui, ampliando sua reprovação à indiferença do povo, uma vez que os próprios animais sentem o julgamento divino. Ele compara os sentimentos dos animais irracionais com a insensibilidade do povo da aliança.[80]

Um clamor intercessor (1.19,20)

A insensibilidade do povo é reprovada pelos homens piedosos e até pelos animais. Joel acrescenta mais um flagelo além dos gafanhotos e da seca. Agora menciona o fogo (1.19). Diante dessa tragédia nacional, o povo de Judá ainda estava anestesiado e endurecido.

Dois clamores, então, se levantam aos céus.

Em primeiro lugar, *o clamor do profeta* (1.19). O profeta Joel não é apenas profeta e pregador; mas, também, intercessor. Ele não apenas fala da parte de Deus aos homens, mas também clama a Deus a favor dos homens.

39

A crise é uma encruzilhada: pode nos levar para a presença de Deus ou para o desespero total. O sofrimento nos leva à oração. Ao ver o cenário cinzento assolando sua nação, Joel se colocou na brecha da oração a favor do seu povo. Quando os recursos da terra acabam, podemos olhar para o alto e buscar socorro. Quando o braço humano torna-se incapaz de nos socorrer, podemos buscar aquele que é Todo-poderoso. As maiores calamidades podem se tornar as maiores bênçãos por meio da oração.[81]

Em segundo lugar, *o clamor dos animais* (1.20). Enquanto havia gente se entorpecendo com a bebida, deixando de buscar o Senhor, os animais do campo bramavam e suspiravam pelo Senhor. Enquanto os filhos do pacto estavam endurecidos, os animais suspiravam por Deus. Diante da falta de alimento e da falta de água, os animais demonstravam mais sensibilidade do que os próprios filhos da aliança.

Concluindo este capítulo, evocamos as palavras de Warren Wiersbe, quando diz que o profeta nos dá aqui quatro instruções a seguir quando nos encontramos em circunstâncias difíceis, instruções essas pertinentes tanto para indivíduos como para nações.[82]

Ouça (1.1-4). Ouça a Palavra de Deus e interprete os acontecimentos à sua volta na perspectiva da providência divina. Deus levanta pessoas para nos encorajar a voltar para ele em tempos de aflição.

Desperte (1.5-7). Quando Joel viu as vinhas devastadas e as árvores sendo destruídas, dirigiu-se aos bebedores e os mandou acordar e chorar. Contudo, eles deveriam chorar não pela falta de vinho, mas porque seus pecados haviam trazido o juízo de Deus.

Lamente (1.8-18). Os campos, as lavouras, os frutos da terra e os rebanhos estavam arruinados. Joel, então,

Quando Deus disciplina seu povo

chama os lavradores a lamentarem (1.11) e os sacerdotes a se arrependerem (1.13,14). Não é suficiente chorar pelas conseqüências do nosso pecado; devemos chorar pelos nossos pecados.

Clame (1.19,20). O profeta ergue-se como exemplo para o povo e clama ao Senhor, rogando sua misericórdia e sua restauração (2Cr 7.14). Joel sabe que o mesmo Deus que fez a ferida pode também curá-la (Os 6.1).

NOTAS DO CAPÍTULO 2

[41] BAXTER, J. Sidlow. *Examinai as Escrituras: Ezequiel a Malaquias*, p. 125.

[42] GRONINGEN, Gerard Van. *Revelação messiânica no Velho Testamento*, p. 407.

[43] MACDONALD, William. *Believer's Bible Commentary*, p. 1.109.

[44] HUBBARD, David Allan. *Joel e Amós*, p. 47.

[45] FAUSSETT, A. R. *Joel.* In *The classic Bible commentary*. Wheaton: Crossway Books, 1999, p. 755.

[46] CALVIN, John. *Commentaries on the twelve minor prophets*. Vol. 2. N.d, p. 9.

[47] REED, Oscar F. *O livro de Joel.* Em *Comentário Bíblico Beacon*. Vol. 5, p. 76.

[48] CRABTREE, A. R. *Profetas menores*, p. 29.

[49] FINK, Paul R. *Joel*. In *The complete Bible commentary*. Nashville: Thomas Nelson Publishers, 1999, p. 1.004.

[50] GRONINGEN, Gerard Van. *Revelação messiânica no Velho Testamento*, p. 407.

[51] REED, Oscar F. *O livro de Joel*. Em *Comentário bíblico Beacon*. Vol. 5, p. 77; HUBBARD, David Allan. *Joel e Amós*, p. 49; CRABTREE, A. R. *Profetas menores*, p. 31.

[52] REED, Oscar F. *O livro de Joel*. Em *Comentário bíblico Beacon*. Vol. 5, p. 77.

[53] WIERSBE, Warren W. *Comentário bíblico expositivo*. Vol. 4, p. 415.

[54] HUBBARD, David Allan. *Joel e Amós*, p. 49.

[55] MACDONALD, William. *Believer's Bible Commentary*. Nashville: Thomas Nelson Publishers, 1995, p. 1.109; CHAMPLIN, Russell Norman. *O Antigo Testamento interpretado versículo por versículo*. Vol. 5. São Paulo: Editora Hagnos, 2001, p. 3.487; FINK, Paul R. *Joel*. In *The Complete Bible Commentary*. Nashville: Thomas Nelson Publishers, 1999, p. 1.004.

[56] SILVEIRA, Jerônimo Onofre da. *Os exterminadores de riquezas*. Belo Horizonte, p. 6.

[57] HENRY, Matthew. *Matthew Henry's commentary*. Grand Rapids: Marshall, Morgan & Scott, 1960, p. 1.123.

[58] WENHAM, G. J. et all. *New Bible commentary*. Downers Grove: Inter-Varsity Press, 1994, p. 783.

[59] HUBBARD, David Allan. *Joel e Amós*, p. 48.

[60] WOLFENDALE, James. *The preacher's complete homiletic commentary*. Vol. 20. Grand Rapids: Baker Books, 1996, p. 200.

[61] WOLFENDALE, James. *The preacher's complete homiletic commentary*. Vol. 20, p. 200.

[62] PATTERSON, Richard D. *Joel*. In *Zondervan NIV Bible commentary*. Vol. 1. Grand Rapids: Zondervan Publishing House, 1994, p. 1.427.

[63] WOLFENDALE, James. *The preacher's complete homiletic commentary*. Vol. 20, p. 202.

[64] CALVINO, João. *Commentaries on the twelve minor prophets*. Vol. 2. N.d., p. 14.

[65] WHITING, John D. *Jerusalem's locust plague*. *National Geographic magazine*. XXVIII, 1915.

[66] CRABTREE, A. R. *Profetas menores*, p. 32.

[67] HUBBARD, David Allan. *Joel e Amós*, p. 51.

[68] RIENECKER, Fritz e ROGERS, Cleon. *Chave lingüística do Novo Testamento grego*. São Paulo: Edições Vida Nova, 1985, p. 619.

[69] BARCLAY, William. *Apocalipsis*. Buenos Aires: La Aurora, 1975, p. 276.

[70] WOLFENDALE, James. *The preacher's complete homiletic commentary.* Vol. 20, p. 203.

[71] HUBBARD, David Allan. *Joel e Amós*, p. 52.

[72] CALVINO, João. *Commentaries on the twelve minor prophets.* Vol. 2. N.d., p. 17.

[73] KEIL, C. F. e DELITZSCH, F. *Commentary on the Old Testament.* Vol. 10, p. 184.

[74] CRABTREE, A. R. *Profetas menores*, p. 33.

[75] FEINBERG, Charles L. *Os profetas menores*, p. 71.

[76] PAPE, Dionísio. *Justiça e esperança para hoje.* São Paulo: ABU, 1983, p. 26.

[77] CRABTREE, A. R. *Profetas menores*, p. 35.

[78] MACDONALD, William. *Believer's Bible commentary*, p. 1.109.

[79] CALKINS, Raymond. *The modern message of the minor prophets.* Nova York: Harper & Brothers, 1947, p. 158.

[80] CALVINO, João. *Commentaries on the twelve minor prophets.* Vol. 2. N.d., p. 27.

[81] GIVEN, J. J. *Joel.* In *The pulpit commentary.* Vol. 13. Grand Rapids: W. B. Eerdmans Publishing Company, 1978, p. 18.

[82] WIERSBE, Warren W. *With the Word.* Nashville: Thomas Nelson Publishers, 1991, p. 578,579.

Capítulo 3

Quando Deus declara guerra a seu povo
Joel 2.1-11

Antes de entrarmos na exposição do texto em apreço, precisamos definir a forma de interpretá-lo. Alguns estudiosos entendem que o texto trata com exclusividade da praga de gafanhotos, ao passo que outros, com igual firmeza, afirmam que a passagem se volta toda para o futuro. Ambas as posições, porém, são extremas, diz Charles Feinberg.[83]

Gerard Van Groningen enfatiza que o Dia do Senhor é o tema central da profecia de Joel. A referência a esse dia é proclamada primeiro em termos da invasão de gafanhotos (um desastre natural) que ocorreu no tempo do profeta; e, depois, em termos de uma terrível invasão por um inimigo poderoso, irresistível, destruidor.[84] Richard Patterson destaca que tanto os gafanhotos como os exércitos inimigos são destacados nas Escrituras como instrumentos de Deus para disciplinar seu povo (Dt 28.38,39; 1Rs 8.35-39; Is 45.1; Am 4.9).[85]

Warren Wiersbe é da opinião que o povo deveria deixar de olhar para os gafanhotos a seu redor e começar a ver o cumprimento do que a praga de gafanhotos simbolizava: a invasão por um exército feroz vindo do Norte (2.20). É bem provável que Joel estivesse se referindo à invasão assíria, durante o reinado de Ezequias, em 701 a.C. (Is 36–37).[86]

Vamos considerar as três principais interpretações do texto

Em primeiro lugar, *a invasão literal dos gafanhotos*. A maioria dos eruditos contemporâneos acredita que Joel está fazendo a mesma descrição do capítulo anterior, descrevendo a invasão irresistível da praga de gafanhotos. No capítulo 1, o sofrimento é principalmente agrícola e pastoril. Agora, porém, a cidade é atacada.[87] Essa interpretação preterista, que olha para a cena com as lentes do retrovisor, parece-nos prejudicada, uma vez que Joel está falando de algo que vai acontecer e não daquilo que já aconteceu.

Em segundo lugar, *a invasão militar*. Alguns estudiosos, como João Calvino, interpretam o texto metaforicamente, como uma invasão do exército assírio contra Judá. Já William MacDonald entende que essa invasão aponta para o cativeiro babilônico.[88] De acordo com Calvino, destacado e eminente expositor, Joel não está falando mais dos gafanhotos, mas daquilo que eles representam. J. Sidlow Baxter nessa mesma linha de pensamento diz que se continuarmos lendo até o fim do capítulo 2, descobriremos que os onze primeiros versículos nele contidos são uma fascinante e terrível descrição dessa nova e ainda maior desgraça que estava para cair sobre a nação. Isso está claro

Quando Deus declara guerra a seu povo

demais para exigir comentários. O capítulo começa assim: "Tocai a trombeta em Sião, e dai voz de rebate no meu santo monte". Não se faz soar um alarme para algo que já passou, mas sim para advertir sobre o que é iminente.[89] Em terceiro lugar, *a invasão dos gafanhotos como precursores do Dia do Senhor.* Há aqueles que defendem a posição de que a invasão dos gafanhotos é real; porém, apontam para um perigo ainda maior; ou seja, o ataque militar dos caldeus e o prenúncio do Dia do Senhor. David Hubbard comenta:

> A descrição da praga segue, mas há uma mudança dramática: com imagens poéticas vivas, o profeta compara os gafanhotos a um exército invasor. Esse ataque é tão terrível que de alguma forma deve relacionar-se com o Dia do Senhor (1.15; 2.1,11). O exército de gafanhotos é a linha de frente, e a revelação plena da ira de Deus seguirá em comboio. Os gafanhotos são reais, não figurados. Mas a própria realidade é tão surpreendente que traz insinuações de uma realidade ainda maior: o exercício divino do juízo universal.[90]

Concordo com Dionísio Pape quando diz que a desolação que o Senhor permitira na sua terra da promissão representava algo mais cósmico, que haveria de ocorrer no fim dos tempos. Simbolizava os acontecimentos estarrecedores do Dia do Senhor! A descida dos gafanhotos sobre uma pequena região da Palestina dá uma pálida idéia do que será a destruição quando o Senhor vier na sua glória como o juiz do mundo.[91]

Três verdades são claramente definidas neste texto.

O alarme do Senhor (2.1)

A trombeta, *shophar,* ou chifre de carneiro, era tocada como um alarme pelo sentinela que ficava sobre o muro, em caso de invasões inimigas ou outras calamidades. A trombeta deveria ser sempre tocada para convocar o povo para uma guerra ou mesmo para alertar sobre a chegada iminente de um perigo ou calamidade. A cena toda se torna militar; aliás, mais do que militar, à medida que suas implicações cósmicas começam a ser vistas nos versículos 10 e 11.[92]

João Calvino diz que o profeta não se dirige a cada um individualmente, mas a toda a nação, uma vez que do menor ao maior, toda a nação, era culpada diante de Deus e merecia sua vingança, uma vez que apresentavam cerimônias religiosas a Deus, mas não havia o sentimento correspondente no coração. Nada ofende tanto a Deus como um culto desprovido de sinceridade (2.12,13).[93] Deus está mostrando a seu povo, por meio do soar da trombeta, que o perigo só pode ser revertido pelo arrependimento, humilhação e reforma da conduta.[94] Leslie Allen diz que novamente há uma convocação nacional, como em 1.2,14. A única esperança do povo era voltar-se para Deus em lamentação. Para encorajá-los a fazer isso, Joel faz soar uma trombeta militar, alertando o povo para uma ameaça iminente.[95]

James Wolfendale diz que três verdades devem ser aqui destacadas: o lugar do alarme, o significado do alarme e as razões do alarme.[96]

O lugar do alarme (2.1). "Tocai a trombeta em Sião". Sião era o lugar da morada de Deus, o lugar onde ficava o templo de Deus e onde se celebrava culto a Deus. Dali emanava a Palavra de Deus e os juízos de Deus. A trombeta toca em Sião e para Sião; e dali deveria reverberar para todos os moradores da terra. Os judeus pensavam equivocadamente que, enquanto tivessem o templo,

Quando Deus declara guerra a seu povo

enquanto as cerimônias fossem ali celebradas, eles eram inexpugnáveis. A confiança deles estava no templo e não no Senhor do templo (Jr 7.3,4). O culto deles havia se tornado um amuleto, um substituto barato da sinceridade que deveriam prestar a Deus.

David Hubbard diz que Sião é o nome mencionado porque era o monte elevado onde se alojavam os sacerdotes cujo dever era soar o alarme (Nm 10.9). Os habitantes de Jerusalém pensavam, equivocadamente, que estavam permanentemente protegidos enquanto o templo permanecesse em pé (Jr 7.3,4).[97]

James Wolfendale diz corretamente que a igreja de Cristo é, agora, o santo monte, a cidade do Deus vivo e a escola de instrução para o universo. A igreja é o palácio espiritual do grande Rei, que governa seu povo pelo seu Espírito e governa o mundo pela sua providência. Na igreja Deus revela tanto seu amor como seu julgamento. O julgamento começa pela Casa de Deus (1Pe 4.17), uma vez que Deus não permite pecado em sua própria residência. A igreja deve ser conspícua em sua elevação, adornada com santidade e leal em obediência.[98]

O significado do alarme (2.1). "[...] e dai voz de rebate no meu santo monte...". O alarme deveria soar não apenas para fora dos muros de Jerusalém, mas, sobretudo, para dentro dos muros da cidade santa. Deus não está apenas avisando o seu povo a chegada de uma guerra; Deus está declarando guerra a seu povo. Deus não se apresenta como aquele que avisa, mas como aquele que aciona as armas contra seu povo. Deus é o agente da guerra. Ele não se apresenta aqui como defensor do seu povo, mas como o comandante que traz um exército numeroso e invencível contra seu povo para discipliná-lo. Quando o povo deixa de acolher a graça, recebe o juízo. Quem não escuta a doce voz do amor, recebe o chicote da disciplina.

J. J. Given está correto quando diz que o pecado e a falsa segurança vêm sempre de mãos dadas. O tentador não somente leva o homem a pecar, também o persuade de que o pecado não tem conseqüências. A voz da consciência é silenciada. A solene advertência das Escrituras é desconsiderada e o homem induzido a pecar sem qualquer temor. Nessa hora, quando o perigo é iminente, o atalaia precisa tocar a trombeta.[99]

As razões do alarme (2.1). O toque da trombeta trazia dois avisos solenes.

O perigo é iminente (2.1). "[...] perturbem-se todos os moradores da terra, porque o Dia do Senhor vem, já está próximo" (2.1). A devastadora praga dos gafanhotos apontava para um iminente ataque militar. E o ataque militar era um prenúncio do Dia do Senhor. Os judeus estavam anestesiados e indiferentes diante da situação. Pareciam estar sossegados às portas do juízo. Na verdade, só os loucos zombam do pecado. Só os insensatos pensam que podem transgredir a lei de Deus e escapar impunemente do seu juízo. Aqueles que agora vivem confortavelmente no pecado, tapando os ouvidos ao som da trombeta de Deus desmaiarão de terror quando Deus acordar e se levantar contra eles em seu justo juízo (Sl 73.6-20).

O povo está perturbado (2.1). Assim como os judeus estariam completamente desamparados diante da invasão dos assírios, os homens estarão, também, completamente perturbados e desamparados no Dia do Senhor (Ap 6.12-17). Os homens são, muitas vezes, céleres em buscar livramento dos males temporais e terrenos, mas lerdos para fugirem da ira vindoura.

O Dia do Senhor (2.1,11)

O Dia do Senhor é um termo que representa todos os juízos de Deus sobre a terra. Ele ocorre durante toda a história do reino de Deus. Ele está presente em cada julgamento particular.[100] Esse dia, porém, culmina com o grande Dia do Juízo, na segunda vinda de Cristo, quando o Senhor se assentará no seu trono e julgará, com justiça, as nações (Mt 25.31-46). Nesse dia os homens desmaiarão de terror. Nesse dia eles buscarão a morte, mas não a encontrarão. Nesse dia eles tentarão inutilmente escapar da ira do Cordeiro.

Três verdades devem ser aqui destacadas.

A iminência desse dia (2.1). "[...] porque o Dia do Senhor vem, já está próximo" (2.1). Assim como a chegada dos bandos invasores de gafanhotos apanhou o povo de surpresa e trouxe a devastação de suas lavouras, a destruição dos frutos, o colapso da economia e a cessação das ofertas do culto, assim, também, a invasão militar dos assírios viria como o romper da alva no alto de uma montanha. Não haveria tempo para a fuga nem capacidade para a resistência. De igual forma será o Dia do Senhor, quando ele voltar entre nuvens para assentar-se no seu trono e julgar as nações. Não haverá mais tempo para se preparar.

O Dia do Senhor não deve ser entendido apenas como o Dia do Juízo Final. Todos os atos de juízo e disciplina de Deus, ao longo da história, que visam chamar seu povo ao arrependimento e punir os impenitentes estão incluídos nesse dia. Dessa maneira, os soldados assírios foram os próprios ministros de Deus que executaram sua disciplina contra a rebelde nação de Judá. Embora os caldeus e assírios fossem pagãos, mesmo assim Deus os usou com o propósito de corrigir os judeus, o povo da aliança.[101]

A calamidade desse dia (2.2). "Dia de escuridade e densas trevas, dia de nuvens e negridão..." (2.2). Esse será um dia de trevas e não de luz; de juízo e não de livramento para os impenitentes. As trevas falam do juízo de Deus. As trevas apontam para a ruína da condenação eterna. O Dia do Senhor não será um tempo de perdão, mas de condenação. João Calvino diz que essa figura usada por Joel significa que o Dia do Senhor será um dia de extinção de qualquer esperança para este mundo e sem qualquer chance de restauração.[102]

O Dia do Senhor pertence apenas à economia da sua soberana vontade. Ninguém pode saber nem determinar esse dia. Ninguém sabe nem pode determinar o dia em que o Senhor virá em juízo contra o seu povo, como ninguém sabe o dia em que o Senhor Jesus há de voltar com grande poder e glória para julgar vivos e mortos. Foi Deus quem enviou os gafanhotos (2.11). Foi Deus quem trouxe os assírios como vara da sua ira (Is 10.5,6). É Deus quem vai determinar o grande dia da volta do Senhor Jesus. Precisamos nos preparar para esse encontro (Am 4.12).

A irresistibilidade desse dia (2.11). "... sim, grande é o Dia do Senhor e mui terrível! Quem o poderá suportar?" (2.11). Ninguém pode resistir à onipotência do divino juiz. Ninguém pode esquivar-se de seu escrutínio onisciente. Ninguém pode se esconder de sua onipresença. Ninguém pode questionar os ditames de sua justiça. Ninguém pode justificar a si mesmo diante das exigências da sua Lei. Ninguém pode escapar da justa sentença que ele pronuncia.[103]

Esse será o dia em que Deus vai disciplinar o seu povo e julgar os impenitentes. Ninguém pode escapar. A vitória de Deus será completa e final naquele glorioso dia. Ao fim, todos precisarão obedecer aos soberanos propósitos de Deus. O povo da aliança será disciplinado e restaurado. Os ímpios, mesmo não sabendo ou não querendo, terão de cumprir os desígnios de Deus, fazendo sua vontade. Até mesmo Satanás, nosso arquiinimigo, terá de cumprir os propósitos soberanos de Deus. O Senhor reina e tudo está rigorosamente debaixo de seus pés.

Os juízos de Deus na História são prenúncios daquele grande dia final, quando Jesus voltar, em sua majestade, com grande poder e glória. Naquele dia, os homens desmaiarão de terror. Eles ficarão perturbados e buscarão se esconder nas cavernas e grutas. Eles rogarão aos montes para caírem sobre eles. Eles estarão com medo não da morte, mas de enfrentarem o Senhor, reto juiz, na sua ira (Ap 6.12-17).

O exército do Senhor (2.2-11)

O profeta Joel faz uma descrição da invasão dos gafanhotos como um símbolo da invasão militar que por sua vez é um tipo do grande Dia do Senhor. Ele descreve tanto os gafanhotos como os soldados assírios como um grande povo e como um poderoso exército sob suas ordens. Nem os gafanhotos nem os exércitos inimigos agem fora do controle divino. Eles estão a serviço de Deus para disciplinar o povo da aliança.

Vamos destacar sete características do exército de Deus.

Em primeiro lugar, *é poderoso pela sua quantidade e velocidade* (2.2). "Como a alva por sobre os montes, assim se difunde um povo grande e poderoso, qual desde o tempo antigo nunca houve, nem depois dele haverá pelos anos adiante, de geração em geração" (2.2). A chegada dos gafanhotos é como a chegada de grandes hordas, como um exército fortemente armado. Esse exército surge de forma súbita e geral, visível e veloz como a luz do sol no alto de um monte. A luz não chega com a mesma velocidade nos vales e planícies, mas quando olhamos para o pico dos montes, num momento, onde antes reinavam as trevas da noite, surge forte e veloz a soberana luz. Agora o profeta Joel diz que o Senhor pode também, rapidamente, estender sua mão sobre seu povo, como a luz da aurora se espalha celeremente no alto de uma montanha.[104]

Tanto os gafanhotos como os soldados assírios são retratados pelo profeta como um povo grande e poderoso. Assim como os lavradores não puderam resistir a invasão dos gafanhotos, assim como os judeus não puderam impedir a invasão das hordas assírias, assim também os homens não poderão resistir àquele que virá em majestade e glória para julgar os vivos e os mortos.

Em segundo lugar, *é poderoso pela sua devastação* (2.3). "À frente dele vai fogo devorador, atrás, chama que abrasa; diante dele, a terra é como o jardim do Éden; mas, atrás dele, um deserto assolado. Nada lhe escapa" (2.3). Coisa alguma escapava ao ataque dos gafanhotos, nem homens, nem animais nem vegetação alguma. Assim como o bando de gafanhotos provocava uma terrível devastação, os exércitos assírios também eram implacáveis em sua marcha expansionista. Eles devastariam as cidades e campos (Is 36.10; 37.11-13,18). Os assírios eram conhecidos pela sua crueldade. Eles matavam impiedosamente homens, mulheres, crianças e faziam montões de cabeças na porta das cidades por onde passavam.

O profeta adverte os judeus, mostrando-lhes que embora eles morassem numa região deleitosa e frutífera, um verdadeiro paraíso, como o Jardim do Éden, essa terra seria devastada e se tornaria um deserto como Deus fez com as

Quando Deus declara guerra a seu povo

planícies fertilíssimas de Sodoma e Gomorra.[105] O pecado traz em si o DNA da morte. Onde ele habita, a destruição se torna inevitável.

Em terceiro lugar, *é poderoso pela sua comparação* (2.4,5). "A sua aparência é como a de cavalos; e, como cavaleiros, assim correm. Estrondeando como carros, vêm, saltando pelos cumes dos montes, crepitando como chamas de fogo que devoram o restolho, como um povo poderoso, posto em ordem de combate" (2.4,5). Joel usa figuras vívidas para descrever tanto o bando de gafanhotos como os exércitos assírios.

Eles são semelhantes a cavalos (2.4). A descrição que Joel faz dos gafanhotos é notória. Esse inseto tem a cabeça semelhante à cabeça de um cavalo. Os italianos lhe chamam cavalinho e os alemães referem-se a ele como cavalo de feno.[106] Os gafanhotos são comparados a cavalos na aparência (Ap 9.7), na agilidade (Jó 39.20) e no emprego militar (Os 14.3; Am 6.12).[107] Warren Wiersbe diz que os gafanhotos pareciam cavalos em miniatura, mas os assírios viriam com cavalos de verdade e conquistariam a terra.[108] Os escritores árabes identificam o gafanhoto com dez animais diferentes: 1) A cabeça, com o cavalo; 2) os olhos, com o elefante; 3) o pescoço, com o touro; 4) os chifres, com o veado; 5) o peito, com o leão; 6) o ventre, com o escorpião; 7) as asas, com a águia; 8) as coxas, com o camelo; 9) os pés, com a avestruz; 10) a cauda, com a serpente. Isso faz o gafanhoto uma besta realmente temível.[109]

Eles parecem carros de guerra (2.5a). O barulho dos bandos de gafanhotos é semelhante à marcha aterradora dos carros de guerra. Avançam de forma compacta. Não se intimidam diante de nenhum obstáculo. São irresistíveis. David Hubbard descreve a cena: "O barulho da nuvem de insetos se fartando nos topos das montanhas, tão aterrorizante quanto parece dão a impressão de que estão estrondeando como carros (Ap 9.9).[110]

Eles agem como um fogo crepitante (2.5b). O barulho das mandíbulas dos gafanhotos é semelhante ao fogo crepitante que lambe o restolho e se espalha descontroladamente. O gafanhoto é tão devorador quanto o fogo. Ele morde com tanta voracidade como um leão. Seus queixais são tão resistentes como de uma leoa. Aplicando esse texto, João Calvino diz que Joel compara aqui os assírios como uma chama, que consome todas as coisas; e compara os judeus como restolho, que será devorado.[111]

Eles parecem um exército combatente (2.5c). Esse exército de insetos avança unido, coeso, numa formação compacta e irresistível. Os dois sons, de asas zumbindo e de maxilares mastigando ruidosamente, lançam terror nos corações das pessoas que observam como se vissem um exército.[112] De igual forma, os exércitos assírios eram uma falange irresistível. Eles marchavam unidos, coesos, organizados, irresistíveis, implacáveis. Os judeus não poderiam por sua própria força resistir a essa invasão avassaladora.

Em quarto lugar, *é poderoso pelo temor que infunde aos povos* (2.6). "Diante deles, tremem os povos; todos os rostos empalidecem" (2.6). Tanto a invasão de um bando de gafanhotos como a marcha impetuosa dos soldados assírios traziam profundo temor aos povos. Diante desses ataques avassaladores todas as pessoas ficavam pálidas e aterradas de medo.

A Assíria tornou-se forte, opulenta e irresistível. Seu exército, expansionista e truculento, esmagava qualquer tentativa de resistência. Nenhuma força na terra era capaz de paralisar os passos resolutos desses bravos guerreiros.

Quando Deus declara guerra a seu povo

As nações da terra tiveram de se render ao poderio militar desse grande império. Na sua soberania, Deus trouxe esse povo amargo e impetuoso contra Judá para discipliná-lo. Porque seu povo não ouviu a voz da sua graça, estava, agora, recebendo a vara da sua disciplina.

Em quinto lugar, *é poderoso pela sua invasão ameaçadora* (2.7-9). Vejamos a descrição de Joel:

> Correm como valentes; como homens de guerra, sobem muros; e cada um vai no seu caminho e não se desvia da sua fileira. Não empurram uns aos outros; cada um segue o seu rumo; arremetem contra lanças e não se detêm no seu caminho. Assaltam a cidade, correm pelos muros, sobem às casas; pelas janelas entram como ladrão (2.7-9).

Joel descreve essa invasão de quatro maneiras.

É uma força corajosa (2.7). Eles correm como valentes; como homens de guerra, sobem muros. Não se intimidam com nada. Nada os faz retroceder. O profeta usa essas várias expressões para que os judeus pudessem saber que estavam lidando com a irresistível mão de Deus, e que eles poderiam em vão implorar assistência aqui ou acolá; eles não encontrariam qualquer socorro em todo o mundo, quando Deus executasse sua vingança de maneira tão formidável.[113]

É uma força organizada (2.7b-8a). Esses bandos de insetos agem articuladamente. Eles agem em bloco. Eles são organizados. Eles avançam de forma incansável e sistemática. Semelhantemente, os soldados assírios formavam frentes de ataque organizadas e por isso, ninguém podia detê-los em seu avanço expansionista.

É uma força invencível (2.8b-9a). Não há arma que possa fazê-los recuar. Eles seguem seu caminho de destruição. Atacam campos e cidades. Sobem muros e entram nas casas.

Não há janelas que possam deter sua invasão. Não há lugar seguro contra esses invasores. Nenhum abrigo proporciona um refúgio adequado. W. T. Thompson descreve as vãs tentativas em controlar a praga de gafanhotos no Líbano, em 1845: "Cavamos trincheiras, acendemos fogueiras, batemos e queimamos até a morte montões e montões de gafanhotos, mas os esforços foram totalmente inúteis. Ondas sobre ondas rolavam pela encosta das montanhas e derramavam-se em cima de pedras, muros, paredes, fossos e cercas vivas; os de trás cobriam e passavam por cima das massas mortas".[114] João Calvino diz que aqui o profeta mostra que os judeus em vão confiariam em suas cidades fortificadas, uma vez que os assírios penetrariam por suas portas apesar de seus muros fortificados. Embora houvesse muitas cidades amuralhadas, aparentemente inexpugnáveis na Judéia, elas seriam tomadas de assalto por esse terrível inimigo.[115]

É uma força imprevisível (2.9b). Eles invadem as casas com a imprevisibilidade e a destrutibilidade do ladrão. Os judeus seriam surpreendidos e assaltados inesperadamente. Os inimigos viriam não apenas com o estrondo de suas marchas formidáveis, mas também sorrateiramente como os ladrões, que furtivamente entram nas casas para roubar, saquear e matar.

Em sexto lugar, *é poderoso pelo impacto que produz na natureza* (2.10). "Diante deles, treme a terra, e os céus se abalam; o sol e a lua se escurecem, e as estrelas retiram o seu resplendor" (2.10). O autor volta-se agora para as descrições cosmológicas a fim de aumentar o terror de suas descrições.[116] O vôo dos gafanhotos escureceu o sol e a lua e fez as estrelas se esconder da visão do homem.[117] Tanto a terra como os céus são afetados por esse ataque. Os

Quando Deus declara guerra a seu povo

elementos da natureza sofrem o impacto dessa invasão. As nuvens de insetos são tão densas que ofuscam a luz do sol e da lua e apagam o brilho das estrelas. A terra treme diante dessa marcha de morte e destruição.

David Hubbard diz que aqui o quadro da praga de gafanhotos funde-se com a descrição do Dia do Senhor (1.15; 2.1,11). A terra tremendo e os céus agitando, o sol e a lua escurecidos e as estrelas sem luz, são sinais de que o próprio Senhor está vindo com seu exército para executar o juízo.[118] O teísmo bíblico ensina que o Criador não abandonou sua criação, mas antes nela intervém, recompensando e punindo, em consonância com suas leis morais.[119]

João Calvino entende que o profeta está usando aqui uma linguagem hiperbólica para se dirigir a uma geração endurecida e rebelde. Joel está falando de uma maneira incomum para tocar seus sentimentos anestesiados e sem qualquer noção de perigo. No dia em que o Senhor se levantar para o juízo não haverá lugar em todo o universo que possa lhes servir de abrigo. Em todo o universo o furor de Deus estará presente. Não haverá qualquer esperança de refúgio em nenhum recanto do universo. Os homens, então, saberão pelo céu e pela terra que Deus está irado contra seus pecados. O sol, a lua e as estrelas sem claridade serão avisos solenes da vingança de Deus contra seu povo.[120]

Charles Feinberg pergunta: "Se uma praga de gafanhotos é assim tão terrível a ponto de uma pessoa mal poder suportá-la, o que essa pessoa poderá fazer na hora em que os mais plenos juízos de Deus caírem sobre o mundo que rejeita a Cristo e desonra a Deus, no Dia do Senhor?".[121]

Em sétimo lugar, *é poderoso pelo seu comandante-em-chefe* (2.11). "O Senhor levanta a voz diante do seu exército;

Joel – o profeta do pentecostes

porque muitíssimo grande é o seu arraial; porque é poderoso quem executa as suas ordens; sim, grande é o Dia do Senhor e mui terrível! Quem o poderá suportar?" (2.11). Tanto o bando de gafanhotos como os truculentos exércitos assírios foram trazidos por Deus e estão cumprindo a ordem de Deus. O onipotente e soberano Deus é o grande líder desse exército. Eles não agem a seu bel-prazer. Estão a serviço do Deus Todo-poderoso. É Deus quem controla a situação do começo ao fim. Até os ímpios acabam cumprindo os propósitos de Deus. Ele pode usar até nações pagãs para realizar seus planos aqui na terra (Is 10.5-7; Jr 29.9). Nem mesmo o diabo pode frustrar seus eternos e soberanos desígnios.

João Calvino está correto quando diz que à luz desse versículo 11, o profeta Joel mostra que os judeus não deveriam pensar que estavam lutando apenas contra uma nação ou reino, mas contra o próprio Senhor com seu celestial poder. Isso significa que a única saída para o povo era a rendição, uma vez que estavam enfrentando o próprio braço onipotente do Senhor. Misteriosamente, por sua secreta providência, Deus estava liderando e guiando os exércitos assírios para disciplinar seu próprio povo.[122]

Notas do capítulo 3

[83] FEINBERG, Charles L. *Os profetas menores*, p. 73.

[84] GRONINGEN, Gerard Van. *Revelação messiânica no Velho Testamento*, p. 406.

[85] PATTERSON, Richard D. *Joel*. In *Zondervan NIV Bible commentary*, p. 1.429.

[86] WIERSBE, Warren W. *Comentário bíblico expositivo*. Vol. 4, p. 416.

[87] CHAMPLIN, Russell Norman. *O Antigo Testamento interpretado versículo por versículo*. Vol. 5, p. 3.490.

[88] MACDONALD, William. *Believer's Bible commentary*, p. 1.109.

[89] BAXTER, J. Sidlow. *Examinai as Escrituras – Ezequiel a Malaquias*, p. 126.

[90] HUBBARD, David Allan. *Joel e Amós*, p. 61.

[91] PAPE, Dionísio. *Justiça e esperança para hoje*, p. 26.

[92] HUBBARD, David Allan. *Joel e Amós*, p. 61.

[93] CALVINO, João. *Commentaries on the twelve minor prophets*. Capítulo 2. N.d., p. 3.

[94] WOLFENDALE, James. *The preacher's complete homiletic commentary*. Vol. 20, p. 213.

[95] ALLEN, Leslie C. *Joel*. In *New Bible Commentary*. Edited by G. J. Wenham et all. Downers Grove: Inter-Varsaty Press, 1994, p. 785.

[96] WOLFENDALE, James. *The preacher's complete homiletic commentary*. Vol. 20, p. 213.

[97] HUBBARD, David Allan. *Joel e Amós*, p. 61.

[98] WOLFENDALE, James. *The preacher's complete homiletic commentary*. Vol. 20, p. 213.

[99] GIVEN, J. J. *Joel*. In *The pulpit commentary*. Vol. 13. Grand Rapids: W. B. Eerdmans Publishing Company, 1978, p. 36.

[100] KEIL, C. F. e DELITZSCH, F. *Commentary on the Old Testament*. Vol. X, p. 190.

[101] CALVINO, João. *Commentaries on the twelve minor prophets*. Capítulo 2. N.d., p. 5.

[102] CALVINO, João. *Commentaries on the twelve minor prophets*. Capítulo 2. N.d., p. 4.

[103] GIVEN, J. J. *Joel*. In *The pulpit commentary*. Vol. 13, p. 36.

[104] CALVINO, João. *Commentaries on the twelve minor prophets*. Capítulo 2. N.d., p. 4.

[105] CALVINO, João. *Commentaries on the twelve minor prophets*. Capítulo 2. N.d., p. 6.

106 FEINBERG, Charles L. *Os profetas menores*, p. 74.

107 HUBBARD, David Allan. *Joel e Amós*, p. 63.

108 WIERSBE, Warren W. *Comentário bíblico expositivo*. Vol. 4, p. 417.

109 CHAMPLIN, Russell Norman. *O Antigo Testamento interpretado versículo por versículo*. Vol. 5, p. 3.491.

110 HUBBARD, David Allan. *Joel e Amós*, p. 63.

111 CALVINO, João. *Commentaries on the twelve minor prophets*. Capítulo 2. N.d., p. 7.

112 HUBBARD, David Allan. *Joel e Amós*, p. 63.

113 CALVINO, João. *Commentaries on the twelve minor prophets*. Capítulo 2. N.d., p. 7.

114 THOMPSON, John A. *Joel*. In *The interpreter's Bible*. Vol. VI. Editado por George A. Buttrick et all. Nova York: Abingdon Press, 1956, p. 745.

115 CALVINO, João. *Commentaries on the twelve minor prophets*. Capítulo 2. N.d., p. 9.

116 CHAMPLIN, Russell Norman. *O Antigo Testamento interpretado versículo por versículo*. Vol. 5, p. 3.491.

117 REED, Oscar F. *O livro de Joel*. Em *Comentário Bíblico Beacon*. Vol. 5, p. 80.

118 HUBBARD, David Allan. *Joel e Amós*, p. 65.

119 CHAMPLIN, Russell Norman. *O Antigo Testamento interpretado versículo por versículo*. Vol. 5, p. 3.491.

120 CALVINO, João. *Commentaries on the twelve minor prophets*. Capítulo 2. N.d., p. 10.

121 FEINBERG, Charles L. *Os profetas menores*, p. 75.

122 CALVINO, João. *Commentaries on the twelve minor prophets*. Capítulo 2. N.d., p. 11.

Capítulo 4

Quando Deus chama seu povo à conversão
Joel 2.12-17

ARREPENDER E VIVER ou não se arrepender e morrer. Não há duas escolhas, só existe uma opção. Deus propõe a seu povo a vida ou a morte; a bênção ou a maldição; o arrependimento ou o juízo.

A hora era de emergência. O juízo já estava lavrado, a sentença proclamada. Os gafanhotos, a seca, o fogo e os exércitos assírios eram os agentes do próprio Deus da aliança para disciplinar seu povo.

Nuvens pardacentas se formavam no horizonte. Já se podia ouvir o barulho dos carros de guerra e o resfolegar dos cavalos que se aproximavam para invadir a nação de Judá. A terra seria devastada. As cidades saqueadas. As casas invadidas. As famílias destruídas. A situação parecia irreversível, uma vez que era o próprio Deus quem trazia esses elementos de juízo sobre a nação.

No meio da tormenta, entretanto, soa um alarme que retine nos ouvidos do povo. Na sua infinita e incompreensível compaixão, Deus oferece à nação, na undécima hora, uma oportunidade de arrepender-se. As entranhas de Deus se comovem, e ele, com ternura, chama seu povo a voltar-se para ele. Aponta-lhe o caminho da vida. Lança luz em suas trevas. Pavimenta-lhe a estrada da restauração.

O arrependimento é o único caminho da restauração. É a única porta de escape do juízo. O arrependimento é o único portal da vida. É arrepender-se e viver ou não se arrepender e morrer. Dionísio Pape ressalta o fato de que não era suficiente ser o povo do Senhor. Não bastava morar na terra santa. Era necessária a conversão integral ao Senhor.[123]

Vamos considerar essa volta para Deus.

A natureza da volta para Deus (2.12)

Deus não apenas chama seu povo a voltar-se para ele, mas detalha como deve ser essa volta. Ele não apenas dá o diagnóstico da doença do povo, mas lhe oferece o remédio da cura. Como deve ser essa volta?

Em primeiro lugar, *é uma volta para uma relação pessoal com Deus* (2.12). "[...] diz o Senhor: Convertei-vos a mim..." (2.12). Encontramos aqui o verdadeiro milagre da graça, pois o ofendido é aquele que busca a restauração do ofensor; o ofendido é quem convida o transgressor a renunciar sua desobediência.[124] João Calvino enfatiza o fato de que Joel não está falando no próprio nome, mas falando em nome do próprio Deus. Assim, ao introduzir o próprio

Quando Deus chama seu povo à conversão

Deus como aquele que fala, torna o seu discurso ainda mais grave e mais urgente.[125]

Leslie Allen está correto quando diz que a expressão: *convertei* evoca o relacionamento pactual. O povo de Deus é como o filho pródigo que precisa voltar ao lar do Pai celestial.[126] Não basta cair em si, é preciso voltar para casa. Não basta ter convicção de pecado, é preciso pôr o pé na estrada da volta para Deus. A tristeza pelo pecado é apenas uma parte do arrependimento, ele deve ser acompanhado por uma volta sincera e urgente para Deus.[127]

O caminho da volta é aberto quando voltamos nossas costas ao pecado e a face para o Senhor. Não há restauração espiritual sem volta para Deus. Não é apenas um retorno aos rituais do templo, mas um retorno para uma relação íntima com Deus. Não é apenas um retorno à igreja, à doutrina, à ortodoxia, a uma vida moral pura, mas uma volta para uma relação pessoal com Deus. O povo de Judá tinha uma relação mística com o templo. Eles sacralizaram de tal forma o templo que fizeram dele um ídolo (Jr 7.4). A confiança deles estava no templo do Senhor e não no Senhor do templo. Eles haviam substituído o relacionamento pessoal com Deus pelos rituais religiosos. Hoje, semelhantemente, muitas vezes, substituímos o Deus da obra pela obra de Deus. Contudo, o Senhor está mais interessado em quem nós somos do que o que nós fazemos. Vida com Deus precede trabalho para Deus. O Deus da obra é mais importante do que a obra de Deus. Ativismo religioso sem comunhão com Deus não agrada a Deus.

É triste constatar que Deus não tem sido o centro das atenções e das aspirações do seu povo. Cada um corre atrás de seus interesses, como nos dias do profeta Ageu (Ag 1.9), e deixa o Senhor de lado. É por isso que essa volta é tão necessária.

Em segundo lugar, *é uma volta com profundidade* (2.12). "[...] de todo o vosso coração" (2.12). O povo de Judá estava endurecido e indiferente à voz de Deus. Como ébrios, eles faziam troça das advertências de Deus. Viviam para seus prazeres e não se importavam com as exortações do Senhor. O juízo estava à porta e eles folgavam em seus pecados. Antes das taças da ira serem derramadas sobre eles, Deus ainda faz soar a trombeta da advertência, chamando-os mais uma vez ao arrependimento. Porém, esse arrependimento precisa ser profundo, autêntico, sincero e total. Deus não aceita coração dividido (Sl 51.17). Ele não se satisfaz com uma espiritualidade cênica, teatral e farisaica. Ele vê o coração e requer verdade no íntimo.

São muitos aqueles que, num momento de forte emoção, após um congresso, um retiro espiritual ou uma mensagem inspirativa, fazem promessas lindas para Deus. Comprometem-se a orar com mais fervor, a ler a Palavra com mais avidez, a testemunhar com mais ardor. Outros derramam lágrimas no altar do Senhor, fazem votos solenes de que andarão com ele em novidade de vida, mas todo esse fervor desaparece tão rápido como a nuvem do céu e o orvalho que se evapora da terra.

O povo de Deus hoje parece muito superficial. Promete o que não deseja cumprir. Honra a Deus apenas com os lábios, nega-o com sua vida e não se volta para ele de todo o coração.

Há aqueles que só andam com Deus na base do aguilhão. Só se voltam para Deus na hora que as coisas apertam. Só se lembram do Senhor na hora das dificuldades. Não se voltam para ele porque o amam ou porque estão arrependidos, mas porque não querem sofrer. A motivação da busca não está em Deus, mas neles mesmos e no que podem receber

Quando Deus chama seu povo à conversão

dele. Para esses, o Senhor é descartável (Os 5.15; 6.14). Esses têm uma fé utilitarista. Contudo, Deus não tolera uma espiritualidade assim. Ele não aceita coração dividido. Somos inteiramente dele ou então não seremos aceitos.

Em terceiro lugar, *é uma volta com diligência* (2.12). "[...] e isso com jejuns..." (2.12). Deus proclama ao povo que não aceita uma forma comum de arrependimento. Antes de serem restaurados precisam ser tomados de uma profunda convicção da sua culpa e de como haviam ofendido a Deus. Por isso, deveriam chegar a ele com jejum, diz Calvino.[128] Quem jejua tem pressa. Quem jejua está dizendo que a volta para Deus é mais importante e mais urgente que o sustento do corpo. Deus é mais importante para nós do que o próprio pão. "Não só de pão viverá o homem, mas de toda a palavra que procede da boca de Deus" (Mt 4.4).

O jejum é instrumento de mudança, não em Deus, mas em nós. Leva-nos ao quebrantamento, à humilhação e a ter mais gosto pelo pão do céu do que pelo pão da terra. Comemos e jejuamos para a glória de Deus (1Co 10.31). Se nós comemos e jejuamos para a glória de Deus, por que, então, jejuar é importante? Qual é a diferença entre comer e jejuar? É que quando nós comemos, nos alimentamos do pão da terra, o símbolo do Pão do céu, mas quando jejuamos, nós nos alimentamos da própria essência do Pão do céu. Jejum é fome de Deus.

Jejum não é greve de fome, regime para emagrecer ou ascetismo. Também não é meritório. Ele sempre se concentra em finalidades espirituais. Nosso jejum deve ser para Deus: "Quando jejuastes [...] acaso, foi para mim que jejuastes, com efeito, para mim?" (Zc 7.5). Deve também provocar em nós uma mudança em relação às pessoas à nossa volta (Is 58.3-7). Se o nosso jejum não é para Deus e se não muda a nossa vida em relação às pessoas que nos cercam, então fracassamos.

O jejum é uma experiência pessoal e íntima (Mt 6.16-18). Há momentos, porém, que ele se torna aberto, declarado e coletivo. Joel conclama o povo todo a jejuar nesse processo de volta para Deus (2.15). O rei Josafá, numa época de profunda agonia e de ameaça para o seu reino, convocou toda a nação para jejuar, e o Senhor lhe deu o livramento (2Cr 10.1-4,22). A rainha Ester convocou todo o povo judeu para jejuar três dias, e Deus reverteu uma sentença de morte já lavrada sobre os judeus exilados (Et 4.16). Em sinal de arrependimento, toda a cidade de Nínive voltou-se para o Senhor com jejuns (Jn 3.5-10).

Em 1756, o rei da Inglaterra convocou um dia solene de oração e jejum, por causa de uma ameaça por parte dos franceses. João Wesley comenta esse fato no seu diário, do dia 6 de fevereiro: "O dia de jejum foi um dia glorioso, como Londres raramente tem visto desde a restauração. Cada igreja da cidade estava lotada, e uma solene gravidade estampava-se em cada rosto. Certamente, Deus ouve a oração, e haverá um alongamento da nossa tranqüilidade". Em uma nota de rodapé, ele escreveu: "A humildade transformou-se em regozijo nacional porque a ameaça da invasão dos franceses foi impedida".

Certamente o jejum é uma bênção singular. Charles Spurgeon escreveu: "Nossas temporadas de oração e jejum no Tabernáculo têm sido, na verdade, dias de elevação; nunca a porta do céu esteve mais aberta; nunca os nossos corações estiveram mais próximos da glória".

Há alguns anos, um pastor presbiteriano, da Coréia do Sul, esteve no Brasil e nos contou sua experiência de trabalhar arduamente na mesma igreja sem ver frutos.

Quando Deus chama seu povo à conversão

Buscou a Deus, humilhou-se e compreendeu que precisava voltar-se mais para junto do trono. Resolveu, então, num ato ousado, fazer um jejum de quarenta dias. Comunicou o fato à igreja e à família, subiu à montanha de oração da igreja e ali ficou orando a Deus, lendo a Palavra e sondando seu coração. Até o décimo oitavo dia tudo parecia suave. Do décimo oitavo ao vigésimo quarto dia uma fraqueza imensa tomou conta do seu corpo. Quase se desesperou, mas continuou firme. Do vigésimo quinto ao quadragésimo dia uma doce paz invadiu sua alma, um gozo inefável tomou conta do seu coração. O céu se abriu sobre sua cabeça e ele glorificou ao Senhor com alegria indizível.

Após o jejum reiniciou seus trabalhos na igreja. Seus sermões tinham o mesmo conteúdo, mas havia uma nova unção. A Palavra de Deus atingia com poder os corações. De repente, a igreja começou a quebrantar-se e os pecadores vinham de todos os lados com pressa de entregar suas vidas a Jesus. Em três anos aquela igreja saiu da estagnação e já estava com seis mil membros.

Em quarto lugar, *é uma volta com quebrantamento* (2.12). "[...] com choro e com pranto". (2.12). O profeta já havia conclamado os ébrios (1.5), os lavradores (1.11) e os sacerdotes (1.13) a uivarem diante do Senhor por causa da calamidade provocada pela invasão dos gafanhotos. Agora, convoca o povo todo a chorar diante de Deus pelos seus pecados (2.12). A restauração espiritual começa com choro e com lágrimas. Antes que a alegria da restauração brote como cura para o povo, é preciso que esse povo seja tomado pelo choro de profunda convicção de pecado.

O povo de Deus anda com os olhos enxutos demais. Muitas vezes desperdiçamos nossas lágrimas, chorando por motivos fúteis. Outras vezes, queremos anular as emoções, achando-as indignas, impróprias e até incompatíveis com a vida cristã. Achamos que o choro não tem lugar em nossa vida. É por isso que estamos tão secos. Se compreendemos o estado da igreja e a nossa situação e não choramos é porque já estamos endurecidos.

Temos chorado como Jacó chorou no Jaboque, buscando a restauração de sua vida? (Os 12.4). Temos chorado como Davi chorou ao ver sua família saqueada pelo inimigo? (1Sm 30.4). Temos chorado como Neemias chorou ao saber da desonra que estava sobre o povo de Deus? (Ne 1.4). Temos chorado como Jeremias chorou ao ver os jovens da sua nação desolados, vencidos pelo inimigo e as crianças jogadas na rua como lixo? (Lm 1.16; 2.11). Temos chorado como Pedro, por causa do nosso pecado de negar a Jesus muitas vezes por covardia? (Lc 22.62). Temos chorado como Jesus, ao ver a impenitência da nossa igreja e da nossa cidade? (Lc 19.41).

Conhecemos o que é chorar numa volta para Deus? Nosso coração tem se derretido de saudades do Senhor? Há tempo de rir e tempo de chorar (Ec 3.4). Creio que este é o tempo de chorar, não de desespero, mas de arrependimento.

Em quinto lugar, *é uma volta com sinceridade* (2.13). "Rasgai o vosso coração e não as vossas vestes..." (2.13). Deus não se impressiona com o desempenho humano. Ele não se satisfaz com uma espiritualidade cênica. Ele não aceita um quebrantamento apenas exterior. Esse costume de rasgar as vestes era parte da reação cultural diante de uma crise (2Rs 19.1).[129] David Hubbard, entrementes, diz que a contrição interna é mais importante do que a manifestação externa de pesar. É o coração que deve ser atingido. É ele que deve ser rasgado.[130]

Nessa volta para Deus, não adianta usar o subterfúgio da teatralização. O Senhor não aceita encenação. Ele não se

Quando Deus chama seu povo à conversão

deixa enganar pelos nossos gestos, palavras bonitas e emoções sem quebrantamento. Diante dele não adianta usar fachada e fazer alarde de uma piedade forjada, como o fariseu (Lc 18.11-14). Deus vê o coração (1Sm 16.7). Diante dele não adianta "rasgar seda": é preciso rasgar o coração. Para Deus não é suficiente apenas estar na igreja (Is 1.12) e ter um culto animado (Am 5.21-23). É preciso ter um coração rasgado, quebrado, arrependido e transformado.

J. J. Given diz que nessa volta sincera para Deus o símbolo deve ser substituído pelo simbolizado, e as observâncias externas e as cerimônias devem ser substituídas pelo sentimento que elas representam.[131] Um coração arrependido e contrito é o que Deus requer. Um coração compungido jamais será desprezado por aquele que não se impressiona com rituais externos como rasgar as vestes, vestir-se com pano de saco e clamar com altas lamentações.[132]

A urgência da volta para Deus (2.12)

"Ainda assim, agora mesmo..." (2.12). João Calvino diz que o particípio *ugam,* "ainda assim", é enfático. Embora o povo tivesse abusado da paciência de Deus e se aprofundado rebeldemente no pecado; embora o povo tivesse fechado a porta da oportunidade tantas vezes atrás de si para continuar nas suas transgressões, mesmo assim, Deus ainda esperava por eles e lhes oferecia a esperança da salvação.[133]

David Hubbard está correto quando diz que embora o julgamento esteja presente, não é tarde para se arrepender.[134] A despeito da calamidade provocada pela invasão avassaladora dos gafanhotos que destruiu os campos, as árvores e seus frutos; a despeito da seca que fez mirrar no ventre do solo a semente; a despeito do fogo que devastou as pastagens; a despeito da fome que atingiu homens e animais; a despeito do colapso da economia; a despeito da cessação dos rituais do templo; a despeito da chegada iminente do aterrador, truculento e sanguinário exército assírio, na undécima hora, Deus ainda abre a porta do arrependimento para o povo e o convoca a voltar-se com urgência para ele. O mesmo Senhor que troveja perante seu exército destruidor (2.11) oferece a esperança de livramento, diz David Hubbard.[135]

J. Sidlow Baxter diz que há aqui um apelo suplicante à nação para que se arrependa antes do golpe fatal ser desferido. Esse é um apelo da undécima hora. Na misericórdia de Deus existe sempre essa oportunidade da undécima hora antes que ocorra um golpe maior de juízo.[136] Agora e não depois; hoje e não amanhã é o tempo de nos voltarmos para Deus.

A crise não deve nos empurrar para longe de Deus, mas para os seus braços. A frieza da igreja e o endurecimento dos corações não devem ser motivos desanimadores, mas impulsionadores para buscarmos a restauração da nossa vida espiritual. Os grandes avivamentos sempre aconteceram em tempos de crise. É quando os recursos da terra se esgotam que as comportas do céu se abrem. É quando a igreja parece um vale de ossos secos, que o vento do Espírito sopra sobre ela e a levanta como um exército.

O tempo de voltar para Deus é agora. Nada é mais urgente do que esse encontro com o Senhor. Deus nos quer agora. O tempo de Deus é agora. É arrepender-se e viver ou não se arrepender e morrer. Não podemos agir insensatamente como Faraó. Quando o Egito estava atormentado pela praga das rãs, ele pediu a Moisés para orar a Deus, para que a terra fosse liberta daquela calamidade. Moisés lhe perguntou: "Quando você quer que eu ore"? Ele respondeu: "Amanhã" (Êx 8.8-10).

Essa volta para Deus é urgente. Quando Deus fala, ele deve ser ouvido. Quando Deus chama, prontamente devemos atender. O profeta Isaías adverte: "Buscai o Senhor enquanto se pode achar, invocai-o enquanto está perto" (Is 55.6). Joel ordena: "Tocai a trombeta em Sião..." (2.15). A trombeta só era tocada em época de emergência. Mas estejamos atentos ao fato de que a trombeta é tocada em Sião e não no mundo. O juízo começa pela Casa de Deus (1Pe 4.17). Primeiro a igreja precisa voltar-se para o Senhor, depois o mundo o fará. O avivamento começa com a igreja e, a partir dela, atinge o mundo. Quando a igreja acerta sua vida com Deus, do céu brota a cura para a terra (2Cr 7.14).

A motivação da volta para Deus (2.13)

"[...] porque ele é misericordioso, e compassivo, e tardio em irar-se, e grande em benignidade, e se arrepende do mal" (2.13). O profeta Joel aponta quatro motivações que nos leva a buscarmos a Deus com urgência:

Em primeiro lugar, *Deus é misericordioso e compassivo* (2.13). "[...] porque ele é misericordioso, e compassivo..." (2.13). É o caráter misericordioso de Deus e não nosso quebrantamento que nos garante a restauração espiritual. Warren Wiersbe diz que a única coisa que serve de estímulo para que nos arrependamos e voltemos para o Senhor é o caráter de Deus.[137] Matthew Henry destaca o fato de que devemos nos tornar para o Senhor, não somente porque ele tem sido justo em punir-nos pelos nossos pecados, mas, sobretudo, porque ele é gracioso e misericordioso em nos receber na base do nosso arrependimento.[138]

Até na ira Deus se lembra da sua misericórdia (Hc 3.2). A restauração vem quando Deus afasta de nós sua ira e volta o seu rosto para nós (Is 64.7-9). Se houver arrependimento em nosso coração, teremos a garantia de que o Senhor usará de misericórdia para conosco e restaurará nossa sorte.

Em segundo lugar, *Deus é tardio em irar-se* (2.13). "[...] e tardio em irar-se..." (2.13). A misericórdia de Deus triunfa sobre sua ira sempre que seu povo se volta para ele com o coração quebrantado. Deus não tem prazer na morte do ímpio (Ez 33.11). Deus não quer que ninguém pereça. Ele é rico em perdoar e tem prazer na misericórdia. A porta da graça estará aberta a todos quantos o buscam em tempo oportuno de o encontrarem.

Em terceiro lugar, *Deus se arrepende do mal* (2.13). "[...] e se arrepende do mal" (2.13). Quando Joel fala que Deus "se arrepende do mal" (2.13) está usando uma figura de linguagem. Isso é uma antropopatia. É atribuir a Deus um sentimento humano. A relação de Deus com o homem é bilateral. Na verdade, o propósito de Deus permanece imutável, pois Deus é imutável. Não é Deus quem muda, mas o homem. Matthew Henry esclarece esse ponto: "Quando a Bíblia diz que Deus se arrepende do mal não quer dizer que Deus muda a sua mente; ao contrário, quando a mente do pecador é mudada, a maneira de Deus tratar com ele é mudada; então, a sentença é revertida e a maldição da lei suspensa".[139]

O propósito de Deus é abençoar e não destruir. É dar vida e não matar. Porém, o caminho da vida é o arrependimento. É arrepender-se e viver ou não se arrepender e morrer. Se o homem não se arrepender enfrentará o juízo, mas se arrepender-se o castigo é suspenso e em lugar da morte, ele recebe a vida. Deus tem prazer na misericórdia e não na condenação.

Em quarto lugar, *Deus é o Deus da aliança* (2.13). "[...] convertei-vos ao Senhor, vosso Deus..." (2.13). Deus havia firmado uma aliança com seu povo. E nessa aliança, se o povo desobedecesse seria disciplinado com castigo, mas se reconhecesse seu pecado e, se arrependesse, Deus o restauraria. Deus é fiel à sua aliança.

A possibilidade da volta para Deus (2.14)

"Quem sabe se não se voltará, e se arrependerá, e deixará após si uma bênção, uma oferta de manjares e libação para o Senhor, vosso Deus?" (2.14). "Quem sabe" é uma forma humilde de oferecer esperança. Esta não é hora de arrogância, mas de expectativa, mantida sob controle mediante o temor da soberania de Deus.[140]

A. R. Crabtree diz que essa pergunta é retórica. Quando o homem se volta para o Senhor, ele sabe logo que o Senhor já se voltou para ele (Jn 3.9; Sl 86.15; 103.8; Ne 9.17).[141] O profeta Joel está dizendo que a volta é possível porque quando o povo se volta para Deus, Deus se volta para o povo. Quando há arrependimento no coração do povo, há misericórdia de Deus endereçada ao povo. Quando há choro pelo pecado nos olhos do povo, há perdão de Deus para restaurar o povo. Concordo com David Hubbard quando disse que a volta do povo a Deus (2.12) será correspondida pela volta de Deus ao povo (2.14). Seu curso de ação estava voltado para o juízo; agora ele se voltará para eles em graça, deixando atrás de si a bênção tangível de sua providência.[142]

Com a volta do povo para Deus, o castigo é removido, as ofertas de manjares do culto são restauradas e a bênção de Deus segue em comboio. A restauração do povo e a restituição das bênçãos são conseqüência direta e imediata do arrependimento.

Concordo com Charles Feinberg quando disse que Deus

está sempre mais disposto a abençoar do que a destruir; a perdoar do que a punir; a conquistar por amor do que a ferir pelo látego. Sempre existe, pois, a possibilidade de o desagrado de Deus transformar-se em favor, quando seu povo se humilhar diante dele.[143]

J. J. Given diz que a linguagem usada por Joel aqui é figurada, mas ao mesmo tempo, simples, natural e muito expressiva. Deus é representado como um rei e um guerreiro, que tem sido ofendido pelos seus súditos, e que sai de seu palácio à frente do seu exército para castigar os rebeldes; mas ao encontrar seus súditos com uma postura de submissão e súplica, em vez de puni-los, demonstra a eles sua misericórdia e retorna ao palácio, deixando atrás de si sinais do seu favor e perdão.[144]

A convocação pública da volta para Deus (2.15,16)

"Tocai a trombeta em Sião, promulgai um santo jejum, proclamai uma assembléia solene. Congregai o povo, santificai a congregação..." (2.15,16a). David Hubbard diz que a abrangência do chamado realça a urgência da necessidade e a natureza coletiva da culpa.[145] Um pecado nacional precisava ter um arrependimento nacional. Uma transgressão pública exige uma convocação pública ao arrependimento. Um profundo senso de pecado no coração dos indivíduos irá produzir frutos e encontrar expressão nas ações da comunidade. Algumas verdades devem ser aqui destacadas.

Em primeiro lugar, *um perigo nacional exige a convocação de uma assembléia pública* (2.15). O chamado urgente de Deus não era para o povo se preparar para a guerra, mas para o povo se preparar para o arrependimento. O problema maior do povo não era a chegada iminente do inimigo,

Quando Deus chama seu povo à conversão

mas o próprio pecado. Na verdade, quando há pecado no meio do arraial de Deus, o Senhor deixa de ser favorável ao seu povo, e esse se torna vulnerável diante do inimigo (Js 7.12). A derrota, então, se torna inevitável. A mais urgente chamada de Deus à igreja é para que ela se arrependa. As armas mais poderosas da igreja são as orações que brotam de um coração rasgado pelo sincero arrependimento. O arrependimento foi a mensagem central dos profetas, de João Batista, de Jesus Cristo, dos apóstolos, dos reformadores e dos avivalistas ao longo da História.

Em segundo lugar, *o nosso maior problema não vem de fora, mas de dentro* (2.15). A trombeta devia soar em Sião e não nos ouvidos dos exércitos assírios. O problema do povo não era a presença do inimigo, mas a ausência de Deus. O nosso maior problema não são os adversários que nos cercam, mas o nosso pecado. O juízo deve começar pela Casa de Deus (1Pe 4.17). Estamos caídos pelos nossos pecados (Os 14.1). Nunca seremos uma igreja forte se o pecado se instalar na congregação dos justos. O pecado é pior do que a fraqueza, do que a pobreza, do que a solidão, do que a doença, do que a fome e do que a própria morte. Todos esses males, por mais aviltantes, não podem nos separar de Deus, mas o pecado nos afasta de Deus agora e por toda a eternidade.

Em terceiro lugar, *o arrependimento precisa avançar do campo pessoal para o coletivo* (2.15,16). O profeta Joel fala de um santo jejum, de uma assembléia solene, em que o povo deveria ser congregado e a congregação santificada. O arrependimento tinha de ganhar contornos coletivos. A devoção particular do jejum agora deveria ser pública. A nação inteira precisava se voltar para Deus. Ninguém podia ficar de fora desse processo de restauração.

Os integrantes da volta para Deus (2.16,17)

"[...] ajuntai os anciãos, reuni os filhinhos e os que mamam; saia o noivo da sua recâmara, e a noiva, do seu aposento. Chorem os sacerdotes, ministros do Senhor, entre o pórtico e o altar, e orem: Poupa o teu povo, ó Senhor, e não entregues a tua herança ao opróbrio, para que as nações façam escárnio dele. Por que hão de dizer entre os povos: Onde está o seu Deus?" (2.16,17). Depois de fazer uma convocação pública o profeta Joel começa a particularizar os que devem fazer parte dessa volta para Deus.

Em primeiro lugar, *os anciãos* (2.16). Os homens de entendimento e cabelos brancos devem ser exemplo para os demais em tempos de arrependimento coletivo. Sabedoria e experiência pertencem a eles, aconselhamento e ajuda se esperam deles.[146] A liderança precisa estar à frente, na vanguarda daqueles que se arrependem e se voltam para o Senhor. Os líderes são os primeiros que precisam ter pressa para acertar sua vida com Deus. Os anciãos são os primeiros que devem colocar o rosto em terra (Js 7.6).

A igreja é o retrato da liderança que tem. Ela nunca está à frente de seus líderes. Os líderes devem ser os primeiros a atender a essa convocação pública. Os líderes devem ser os primeiros a comparecer às reuniões de oração e às noites de vigílias, colocando-se na brecha da intercessão pelo povo. A liderança precisa ser modelo para a igreja nessa volta para Deus.

Em segundo lugar, *os filhinhos, os jovens* (2.16). Não apenas os anciãos, mas também os jovens deveriam se voltar para Deus com urgência. A força deles não poderia impedir a chegada do iminente perigo. Somente o arrependimento poderia poupar a sua vida de uma grande tragédia. Precisamos de jovens que conheçam o Senhor. Precisamos de

Quando Deus chama seu povo à conversão

jovens que chorem aos pés do Senhor. Precisamos de jovens que temam e tremam diante do Senhor. Precisamos de jovens que se deleitem no Senhor.

Se de fato queremos um tempo de restauração para a igreja precisamos ter uma juventude com a fibra de José, que prefere ser preso a ir para a cama do adultério (Gn 39.12). Precisamos ter uma juventude do timbre de Daniel, que se dispôs a sacrificar seu sucesso e até a própria vida por fidelidade a Deus (Dn 1.8).

Em terceiro lugar, *as crianças* (2.16). Embora as crianças de peito estivessem ainda inconscientes do perigo, seriam inevitavelmente atingidas pelas conseqüências dos pecados de seus pais. Elas também precisavam estar presentes nessa assembléia solene para ver o choro dos seus pais e ser impactadas pela dor desse quebrantamento. Os mais tenros e menos protegidos estavam envolvidos nos perigos que ameaçavam seus pais e a condição deles deveria tocar o coração de seus pais.[147]

Em quarto lugar, *os recém-casados* (2.16). Dentro da cultura judaica um jovem recém-casado era dispensado do serviço militar por um ano e isento de toda obrigação pública para dedicar-se à sua mulher e desfrutar das alegrias da vida conjugal (Dt 24.5). Porém, essa era uma hora de emergência. O choro do arrependimento deveria substituir as alegrias das núpcias. Há tempo para todas as coisas, mas há momentos em que as alegrias individuais devem dar preferência aos interesses da comunidade toda.[148]

Em quinto lugar, *os sacerdotes* (2.17). Os sacerdotes deveriam chorar e orar pelo povo. Eles deveriam não apenas chorar pelos seus pecados, mas também derramar lágrimas a favor da nação. Hoje, nossos pastores andam secos demais, pregam com os olhos enxutos demais, oram pouco. Um dos maiores obstáculos à restauração espiritual da igreja é a vida superficial dos ministros de Deus. Dwight Moody dizia que o maior problema da obra são os obreiros. Se os ministros não forem gravetos secos prontos para pegar fogo, a lenha verde jamais começará a arder. Os ministros precisam sentir o fardo espiritual do povo pesando sobre seus ombros. Eles precisam ter o coração quebrantado ao ver a sequidão espiritual presente no meio da congregação.

Por que os ministros de Deus devem chorar e orar?

Para que a igreja não caia em opróbrio (2.17). "Poupa o teu povo, ó Senhor, e não entregues a tua herança ao opróbrio, para que as nações façam escárnio dele..." (2.17). Quando o inimigo prevalece sobre o povo de Deus, ele deixa de ser bênção para ser motivo de chacota. O pecado enfraquece a igreja e fortalece as mãos do inimigo; o testemunho da igreja é apagado e o povo de Deus é envergonhado e derrotado. Então, o ministro deve clamar ao Senhor por restauração, não fiado nos merecimentos do povo, mas na generosidade do Deus da aliança. O profeta não está confiando no choro ou jejum do povo, mas no fato do povo ser a herança de Deus. O Deus do pacto é o alicerce da sua intercessão.

Para que o nome de Deus não seja envergonhado (2.17). "Por que hão de dizer entre os povos: Onde está o seu Deus?" (2.17). A maior preocupação do profeta não era propriamente com a condição do povo, mas com a glória de Deus. Quando a igreja capitula ao pecado, o nome de Deus é blasfemado entre os gentios e a glória de Deus é maculada entre as nações. Oscar Reed diz que o medo de Joel não era só por causa de Israel, mas também temia que as nações pagãs duvidassem da existência ou do poder do Senhor com palavras escarnecedoras: "Onde está o seu Deus?"[149]

Notas do capítulo 4

[123] Pape, Dionísio. *Justiça e esperança para hoje*, p. 28.

[124] Given, J. J. *Joel*. In *The Pulpit Commentary*. Vol. 13, p. 37.

[125] Calvino, João. *Commentaries on the twelve minor prophets*. N.d., p. 14.

[126] Allen, Leslie C. *Joel*. In *New Bible commentary*. Edited by G. J. Wenham et all, p. 786.

[127] Schmoller, Otto. *The book of Joel*. In *The Lange's commentary on the Holy Scriptures*. Vol. 7. Grand Rapids: Zondervan Publishing House, 1980, p. 22.

[128] Calvino, João. *Commentaries on the twelve minor prophets*. N.d., p. 15.

[129] Allen, Leslie C. *Joel*. In *New Bible commentary*. Edited by G. J. Wenham et all, p. 786.

[130] Hubbard, David Allan. *Joel e Amós*, p. 66.

[131] Given, J. J. *Joel*. In *The pulpit commentary*. Vol. 13, p. 37.

[132] Given, J. J. *Joel*. In *The pulpit commentary*. Vol. 13, p. 37.

[133] Calvino, João. *Commentaries on the twelve minor prophets*. N.d., p. 14.

[134] Hubbard, David Allan. *Joel e Amós*, p. 66.

[135] Hubbard, David Allan. *Joel e Amós*, p. 66.

[136] Baxter, J. Sidlow. *Examinai as Escrituras – Ezequiel a Malaquias*, p. 126.

[137] Wiersbe, Warren W. *Comentário bíblico expositivo*. Vol. 4, p. 417.

[138] Henry, Matthew. *Matthew Henry's commentary*, p. 1.125.

[139] Henry, Matthew. *Matthew Henry's commentary*, p. 1.125.

[140] Hubbard, David Allan. *Joel e Amós*, p. 67.

[141] Crabtree, A. R. *Profetas menores*, p. 43,44.

[142] Hubbard, David Allan. *Joel e Amós*, p. 67.

[143] Feinberg, Charles L. *Os profetas menores*, p. 75.

[144] Given, J. J. *Joel*. In *The pulpit commentary*. Vol. 13, p. 37.

[145] Hubbard, David Allan. *Joel e Amós*, p. 68.

[146] Wolfendale, James. *The preacher's complete homiletic commentary*. Vol. 20, p. 218.

[147] Wolfendale, James. *The preacher's complete homiletic commentary*. Vol. 20, p. 218.

[148] Feinberg, Charles L. *Os profetas menores*, p. 76.

[149] Reed, Oscar F. *O livro de Joel*. Em *Comentário bíblico Beacon*. Vol. 5, p. 82.

Capítulo 5

Quando Deus
restaura o seu povo
Joel 2.18-32

QUANDO A IGREJA se volta para Deus e acerta sua vida com ele, Deus se compadece do seu povo (2.18-27): em vez de fome, há fartura (2.19,24); em vez de opressão do inimigo, há libertação (2.20); em vez de tristeza e de choro, há alegria (2.21); em vez de seca, há chuvas abundantes (2.23); em vez de prejuízo, há restituição (2.25); em vez de vergonha, há louvor (2.26); em vez de lamentação e de solidão, há plena consciência de que Deus está presente (2.26,27).[150]

Dois pontos merecem destaque, antes de entrarmos na exposição do texto em apreço.

Em primeiro lugar, *quando o povo se volta para Deus, Deus se volta para o povo.* O pecado é o opróbrio de uma nação. Nenhuma calamidade é mais desastrosa para um povo do que o pecado. O pecado é a causa; as tragédias sua conseqüência. O reino de Judá estava assolado pela invasão aterradora dos gafanhotos, devastado pela seca implacável e na iminência de ser invadido por um terrível exército sanguinário. Porém, essas calamidades físicas e políticas não eram acidentes da natureza nem mesmo a mudança do mapa político do mundo, mas uma ação direta da disciplina de Deus.

Deus, na sua bondade, na undécima hora, chama o povo a voltar-se para ele, e quando o povo se arrepende e volta, ele também se volta para o povo, suspende o castigo e derrama suas bênçãos copiosas. A graça de Deus é maior do que o nosso pecado. Onde a porta do arrependimento é aberta, os portais da graça são escancarados. Sempre haverá esperança de restauração, onde há sinais de quebrantamento.

Em segundo lugar, *quando Deus se levanta a favor do seu povo, seus inimigos caem por terra.* O problema da igreja não é a presença do inimigo, mas a ausência de Deus. Não somos derrotados pelas circunstâncias, mas pelo pecado. Quando há arrependimento no coração do povo de Deus, há vitória de Deus para o povo. Deus desmantelou toda orquestração contra Judá. Os gafanhotos perderam sua força e foram afogados no mar e destruídos. As chuvas retidas foram derramadas copiosamente. A terra devastada pela seca voltou a florescer e frutificar. Os armazéns vazios voltaram a transbordar de fartura. O gado do campo, que gemia sob o peso da seca implacável, voltou a alegrar-se com as pastagens luxuriantes. Os inimigos truculentos, que chegavam para saquear e matar, foram desviados de sua rota, dispersos e desbaratados.

O texto em apreço nos fala sobre três grandes verdades, que vamos agora considerar.

Quando Deus restaura o seu povo

A restauração das bênçãos perdidas (2.18-20)

Quando o povo retorna para Deus em penitência, então, Deus se volta para ele em graça. Deus ouve suas orações, remove o castigo e restaura as bênçãos tanto materiais como espirituais. Não há nenhuma contingência ou incerteza nessas promessas. Vamos destacar alguns pontos.

Em primeiro lugar, *as bênçãos restauradas* (2.18-20). James Wolfendale lança luz sobre o assunto em tela e destaca três bênçãos que são restauradas.[151]

As bênçãos materiais são restauradas (2.19). "E, respondendo, lhe disse: Eis que vos envio o cereal, e o vinho, e o óleo, e deles sereis fartos...". A pobreza e a fome assolavam homens e animais em virtude do ataque dos gafanhotos e da seca severa. As chuvas foram retidas e o juízo de Deus caiu sobre um povo rebelde e desobediente. Contudo, logo que o povo se voltou para Deus, as chuvas restauradoras foram derramadas, a terra voltou a florescer e a frutificar, e os celeiros se encheram de cereal, vinho e óleo. Deus deu ao povo novamente a prosperidade. A prosperidade não é apenas fruto do trabalho, mas também, e, sobretudo, da bênção divina. É Deus quem nos dá forças para adquirirmos riquezas. É das mãos de Deus que procedem toda boa dádiva. É Deus quem envia a chuva e o sol e faz brotar a semente. É ele quem enche a terra de fartura e enche a terra de sua bondade.

O opróbrio nacional foi removido (2.19b). "[...] e vos não entregarei mais ao opróbrio entre as nações". O opróbrio é uma coisa terrível para o povo de Deus. Nada é mais triste do que o povo que foi chamado para ser luz do mundo perder sua credibilidade diante dos olhos das nações. Nada é mais doloroso do que a igreja perder sua reputação diante daqueles a quem deve testemunhar. Judá tinha perdido sua comunhão com Deus, estava privada da bênção de Deus, e sem autoridade para testemunhar do nome de Deus. A vergonha era um cálice amargo que Judá estava bebendo dia e noite. Porém, Deus levanta seu povo das cinzas da humilhação, restaura-lhe a dignidade e o coloca como luz para as nações.

O poderoso inimigo é destruído (2.20). "Mas o exército que vem do Norte, eu o removerei para longe de vós, lançá-lo-ei em uma terra seca e deserta; lançarei a sua vanguarda para o mar oriental, e a sua retaguarda, para o mar ocidental; subirá o seu mau cheiro, e subirá a sua podridão; porque agiu poderosamente". Assim como não foram os gafanhotos nem os exércitos assírios que castigaram o povo de Judá, mas o braço onipotente de Deus; assim também, a vitória e a restauração de Judá sobre seus inimigos não vieram de suas habilidades, mas da intervenção poderosa do braço de Deus. Tanto a disciplina como a restauração são obras de Deus.

A destruição dos inimigos de Judá foi completa, pois Deus os lançou em uma terra seca e deserta. Deus lançou sua vanguarda para o mar Morto e sua retaguarda para o mar Mediterrâneo (Dt 11.24). A destruição dos inimigos foi merecida porque agiram insolentemente contra Deus e seu povo. A destruição dos inimigos também foi terrível, porque "[...] subirá o seu mau cheiro, e subirá a sua podridão..." (2.20). Essa descrição pode aplicar-se tanto aos gafanhotos como aos soldados assírios. Os bandos de gafanhotos foram afogados no mar e levados à praia pelas ondas. Esses bandos mortos são infames pelo cheiro horrível exalado por suas carcaças putrefatas.[152] Entretanto, em uma noite, Deus matou 185 mil soldados assírios quando esses, insolentemente, cercaram Jerusalém e o rei Senaqueribe voltou para casa derrotado (Is 37.36-38).

Os cadáveres devem ter criado um mau cheiro insuportável antes de serem enterrados.[153]

Em segundo lugar, *o caminho da restauração* (2.18,19). Duas condições são aqui estabelecidas para a restauração das bênçãos.

As bênçãos são restauradas por meio do arrependimento (2.18). "Então, o Senhor se mostrou zeloso da sua terra, compadeceu-se do seu povo". A restauração é resultado do arrependimento. Só quando o povo se voltou para Deus em arrependimento é que Deus se voltou para ele em graça. O caminho da restauração é o caminho do arrependimento. Deus nos salva do pecado e não no pecado.

As bênçãos são restauradas por meio da oração (2.19). "E, respondendo, lhe disse...". A oração é a força mais poderosa da terra. Deus ouviu o clamor do povo e lhe restaurou a sorte. Quando você ora com o coração quebrantado, os céus se movem e milagres de Deus acontecem na terra. A oração move a mão daquele que move o mundo. Quando o homem trabalha, o homem trabalha; mas quando o homem ora, Deus trabalha. Deus reverteu aquela situação de calamidade sobre Judá quando o povo se voltou para ele em oração.

Em terceiro lugar, *a base da restauração* (2.18). "Então, o Senhor se mostrou zeloso da sua terra, compadeceu-se do seu povo". Duas verdades são aqui destacadas pelo profeta como base da restauração.

A compaixão de Deus (2.18). A restauração não é produto dos méritos do povo, mas da compaixão divina. Não merecemos as bênçãos divinas, mas Deus nos concede tais bênçãos por sua generosidade e graça. A causa do amor de Deus por nós não está em nós, mas nele mesmo. Seu amor é incondicional.

A aliança de Deus (2.18). Deus se compadeceu do "seu povo". Trata-se do povo da aliança. Deus já havia estabelecido os preceitos que deveriam governar esse povo. Se eles obedecessem receberiam as bênçãos do pacto (Lv 26.3-13). Se eles se rebelassem receberiam as maldições do pacto (Lv 26.14-39). Contudo, se eles se arrependessem, então, Deus os libertaria e os restauraria por sua misericórdia (Lv 26.40-46). Deus é fiel para cumprir o que promete (2Cr 7.14)!

A dádiva das bênçãos grandiosas de Deus (2.21-27)

O inimigo havia feito grandes coisas contra o povo de Deus; agora, Deus iria fazer grandes coisas pelo povo: "Não temas, ó terra, regozija-te e alegra-te, porque o Senhor faz grandes coisas" (2.21). As bênçãos seriam mais amplas do que o próprio julgamento e tanto homens como animais poderiam se alegrar pela restauração de estações frutíferas e privilégios espirituais.[154] James Wolfendale mais uma vez nos toma pela mão e nos ajuda a entender o texto em apreço, ao falar sobre as duas grandes bênçãos que Deus concede a seu povo.[155]

Em primeiro lugar, *grandes bênçãos temporais* (2.22-25). Para um país agrícola como Judá, as bênçãos temporais de Deus atingiriam os campos, as lavouras e os animais. O profeta destaca algumas dessas bênçãos temporais.

As chuvas copiosas (2.23). "Alegrai-vos, pois, filhos de Sião regozijem-vos no Senhor, vosso Deus, porque ele vos dará em justa medida a chuva; fará descer, como outrora, a chuva temporã e a serôdia". Tanto os gafanhotos como a seca assolaram a terra. As lavouras pereceram e o gado gemia de fome (1.16-20). A terra, que era como o Jardim do Éden, havia se tornado um deserto desolado (2.3).

Somente a chegada de abundantes chuvas poderia restaurar essa terra seca e esses campos estéreis.

Logo que o povo se arrepende, Deus envia as chuvas, em justa medida; nem demais para provocar inundações nem de menos para serem insuficientes. Deus faz descer, novamente, como outrora, a chuva temporã ou chuva do outono (outubro-dezembro), sendo especialmente bem-vinda por romper a seca do verão.[156] Essa é a chuva especial para o plantio. Já a chuva serôdia (março-abril), cai especialmente na primavera, garantindo uma boa colheita ao evitar que os cereais se ressequem ainda no pé.[157]

As chuvas sobre a terra eram um prenúncio e um símbolo de uma chuva mais preciosa, o derramamento do Espírito Santo. Dionísio Pape diz que como chuva no sertão em tempo de seca, assim o Espírito do Senhor desceria para irrigar a alma sedenta do homem.[158] Oscar Reed está correto quando diz que se o Senhor deu a chuva temporã e a serôdia na forma de bênçãos materiais, também estava pronto para derramar bênçãos espirituais no dom do seu Espírito.[159]

As estações frutíferas (2.22). "Não temais, animais do campo, porque os pastos do deserto reverdecerão, porque o arvoredo dará o seu fruto, a figueira e a vide produzirão com vigor". Deus está revertendo as calamidades advindas pelo pecado (1.12). A assolação desencadeada pela transgressão é revertida pelo arrependimento. Onde se instalou a seca, agora caem as chuvas; onde as árvores frutíferas haviam perecido, agora elas produzem com vigor; onde os animais gemiam de fome, agora eles exultam de alegria. Tempos de restauração tinham vindo da parte do Senhor.

As colheitas farturosas (2.24,25). "As eiras se encherão de trigo, e os lagares transbordarão de vinho e de óleo.

Restituir-vos-ei os anos que foram consumidos pelo gafanhoto migrador, pelo destruidor e pelo cortador, o meu grande exército que enviei contra vós outros". Em lugar da pobreza, o povo recebe prosperidade. Em lugar de sementes mirradas no ventre da terra, o povo vê safras abundantes. Em lugar de celeiros vazios, o povo celebra colheitas recordes. Uma das bênçãos da obediência era abundância de frutos (Lv 26.5). Por isso, quando o povo se voltou para Deus, mesmo que na undécima hora, as colheitas frustradas se transformaram em ceifas abundantes. As despensas vazias viram alimento com fartura e a pobreza extrema deu lugar à prosperidade e à riqueza. Deus restitui a eles tudo aquilo que fora destruído pelos gafanhotos, pela seca e pelos inimigos. O Deus a quem servimos é o Deus da restituição. Ele nos dá de volta tudo o que foi roubado e saqueado de nós (1Sm 30.4-9).

Em segundo lugar, *grandes bênçãos espirituais* (2.26,27). O profeta Joel elenca quatro bênçãos espirituais decorrentes da volta para Deus.

A restauração do louvor (2.26). "Comereis abundantemente, e vos fartareis, e louvareis o nome do Senhor, vosso Deus, que se houve maravilhosamente convosco...". Pelo pecado do povo e pelo conseqüente julgamento de Deus, os sacrifícios não eram mais oferecidos no templo e a alegria do culto e dos louvores a Deus havia acabado (1.16). A perda dos privilégios espirituais era a maior de todas as calamidades de Judá. Eles preferiam Jerusalém, onde estava a Casa de Deus à maior alegria (Sl 137.6). A perda do pão era coisa de pouco valor diante da perda da adoração, pois não só de pão vive o homem, mas de toda palavra que procede da boca de Deus (Mt 4.4). O fim principal do homem é glorificar a Deus e gozá-lo para sempre. É na presença de Deus que existe plenitude de alegria, e é na sua destra que existem delícias perpetuamente (Sl 16.11). Onde cessa a alegria do culto, cessa o sentido da vida.

A manifestação da presença divina (2.27). "Sabereis que estou no meio de Israel e que eu sou o Senhor, vosso Deus, e não há outro...". Nem sempre o povo de Deus reconhece a presença de Deus em seu meio. Uma coisa é a onipresença de Deus, outra bem diferente é sua presença manifesta. Deus está em toda parte, mas não está em toda a parte com sua presença manifesta. Quando isso acontece, os corações se derretem e os homens se humilham debaixo da sua poderosa mão. Quando os homens olham para o mundo sem discernir a presença de Deus, a criação torna-se para eles apenas uma máquina que funciona por si mesma. Então, Deus interrompe a seqüência dos acontecimentos e envia seu julgamento para que as nações o reconheçam. A prosperidade de Judá levou a nação a se esquecer de Deus. Então, veio o julgamento e por ele o povo foi convocado a arrepender-se, e tão logo o povo voltou-se para o Senhor, ele lhes deu a conhecer a glória de sua presença. Como precisamos da poderosa manifestação de Deus no meio da igreja! Como precisamos orar como Isaías: "Oh! se fendesses os céus e descesses! Se os montes tremessem em tua presença, como quando o fogo inflama os gravetos, como quando faz ferver as águas, para fazeres notório o teu nome aos teus adversários, de sorte que as nações tremessem da tua presença!" (Is 64.1,2).

O reavivamento da alegria nacional (2.23). "Alegrai-vos, pois, filhos de Sião regozijem-vos no Senhor, vosso Deus...". Judá deveria alegrar-se não apenas em Deus, mas no Senhor seu Deus. Não se trata apenas de alegrar-se diante daquele que é onipotente, mas daquele que é Pai, o Deus da aliança. A alegria da restauração da comunhão com Deus é maior do que a alegria da restauração das coisas materiais. As bênçãos espirituais são superiores às bênçãos materiais. A restauração do culto é mais importante do que a restauração da economia. O templo vazio é pior do que os celeiros vazios. Porém, o templo cheio de um povo alegre em Deus é melhor do que todos os celeiros abarrotados de bens. A alegria indizível e cheia de glória é a herança do povo de Deus, pois a alegria do nosso Senhor é a nossa força.

A libertação da vergonha nacional (2.27). "[...] e o meu povo jamais será envergonhado". Se nos envergonharmos de nossos pecados contra Deus, jamais nos envergonharemos de glorificá-lo. Quando nos voltamos para ele, em lágrimas, ele sempre se volta para nós em graça. O Senhor dá graça e glória e nenhum bem sonega aos que andam retamente. Quando, maltrapilhos, tomamos a decisão de voltar à Casa do Pai, sempre encontraremos seu abraço de **amor,** seu beijo de perdão e sua festa de reconciliação.

O derramamento do Espírito Santo (2.28-32)

O derramamento do Espírito não acontece antes, mas depois que o povo de Deus se arrepende e se volta para ele. Esperar o derramamento do Espírito sem tratar do pecado é ofender a Deus. Buscá-lo sem voltar-se para Deus é atentar contra a santidade do Senhor.

David Hubbard diz que a palavra "depois" não aponta obrigatoriamente para os tempos finais, mas, antes, serve para estabelecer a seqüência cronológica entre as duas etapas da bênção. A diferença entre as duas etapas não está no fato de a primeira ser material e a segunda ser espiritual. A diferença é que a primeira é a restauração dos danos

Quando Deus restaura o seu povo

antigos e a segunda é a inauguração de uma nova era no relacionamento de Deus com seu povo.[160]

Já Warren Wiersbe diz que a palavra "depois", em Joel 2.28, refere-se aos acontecimentos descritos em Joel 2.18-27, quando o Senhor sara a nação depois da invasão assíria. Contudo, não significa logo em seguida, pois se passaram muitos séculos antes do Espírito ser derramado. Quando Pedro citou esse versículo em seu sermão no dia de Pentecostes, o Espírito Santo o dirigiu a interpretar o "depois" como "nos últimos dias" (At 2.17). "Os últimos dias" começaram com o ministério de Cristo na terra e se encerrarão com "o Dia do Senhor".[161]

Destacaremos algumas verdades aqui.

Em primeiro lugar, *o derramamento do Espírito é uma promessa sublime de Deus* (2.28). O derramamento do Espírito não é algo que o homem possa fazer. Não é obra da igreja. Ele vem do céu, de Deus. A igreja não o promove nem o agenda. Duas coisas podem ser destacadas nessa promessa do Espírito.

O derramamento do Espírito é uma promessa segura de Deus (2.28). "Acontecerá, depois, que derramarei o meu Espírito...". O que Deus promete, ele cumpre, pois vela pela sua Palavra para cumpri-la. Quando ele age, ninguém pode impedir sua mão de agir. Deus hipotecou sua Palavra e empenhou sua honra nessa promessa. As promessas de Deus são fiéis e verdadeiras e nenhuma delas pode cair por terra. O derramamento do Espírito cumpriu-se no dia de Pentecostes (At 2.16-21) e ninguém pôde deter o braço de Deus em promover o crescimento da igreja. O sinédrio judeu tentou abafar a obra do Espírito prendendo e açoitando os apóstolos. Os imperadores romanos, com fúria implacável, quiseram acabar com a igreja, jogando os cristãos nas arenas, queimando-os em praças públicas e os matando ao fio da espada. Mas a igreja, com desassombro e poder, espalhou-se como rastilho de pólvora por todos os quadrantes do império e o sangue dos mártires tornou-se a sementeira do evangelho. Ao longo dos séculos muitas perseguições sanguinárias tentaram neutralizar a obra de Deus, mas a igreja revestida com o poder do Espírito jamais recuou, jamais ensarilhou as armas, jamais se intimidou. Antes do Pentecostes os discípulos estavam com as portas trancadas de medo; depois do Pentecostes eles foram presos por falta de medo. O problema da igreja não são as ameaças externas, é a fraqueza interna. Não é a falta de poder econômico e político, mas a falta do poder do Espírito Santo!

O derramamento do Espírito é uma promessa abundante de Deus (2.28). "Acontecerá, depois, que derramarei o meu Espírito...". O derramamento do Espírito é em grande medida e em larga extensão. Deus não promete porções limitadas do seu Espírito, mas um derramamento do Espírito. Deus não dá o seu Espírito por medida. O derramamento do Espírito é algo profuso, abundante e caudaloso. Não são gotas, filetes, mas torrentes (Is 44.3). Cumpriu-se ao pé da letra a profecia de Joel, quando Jesus prometeu a todos: "Quem crer em mim, como diz a Escritura, do seu interior fluirão rios de água viva. Isto ele disse com respeito ao Espírito que haviam de receber os que nele cressem" (Jo 7.38,39). A promessa de Deus para a igreja é de uma vida maiúscula, superlativa e abundante. Não podemos pensar que esse derramamento ficou restrito apenas ao Pentecostes. O derramamento do Espírito é uma promessa vigente e contemporânea. Não podemos pensar que já recebemos tudo que deveríamos receber do Espírito

Quando Deus restaura o seu povo

Santo. Há mais para nós. Há infinitamente mais (Ef 3.20). A igreja não pode se contentar com pouco. Não podemos nivelar a vida com Deus às pobres experiências que temos tido. O Senhor pode fazer infinitamente mais. O Espírito pode ser derramado outras e outras vezes sobre um povo sedento, que anseia por Deus mais do que o sedento por água, mais do que a terra seca por chuva (Is 44.3). Essa promessa é para nós, para nossos filhos e para aqueles que ainda estão longe, para quantos o Senhor nosso Deus chamar (At 2.39).

Em segundo lugar, *o derramamento do Espírito é uma promessa abrangente de Deus* (2.28,29). O derramamento do Espírito nos afasta do pecado e nos aproxima de Deus e das pessoas. Onde o Espírito é derramado, quebram-se as barreiras e os preconceitos. Vejamos quais são esses preconceitos que são quebrados.

A quebra do preconceito racial (2.28). "Derramarei o meu Espírito sobre toda a carne...". "Toda carne" aqui não é quantitativamente falando, mas qualitativamente. O derramamento do Espírito terá caráter e raio de ação universal.[162] Gerard Van Groningen diz que esse derramamento será uma bênção universal; não se limitará a Israel, embora Israel e Judá estejam incluídos.[163] Será cumprido, então, o ardente desejo de Moisés de que todos recebessem o Espírito de Deus e fossem profetas (Nm 11.29). O Espírito de Deus é derramado sobre todos aqueles que se convertem ao Senhor, em todas as raças, povos, tribos, línguas e nações. Essa bênção não é apenas para os judeus; é também para os gentios. A menção do derramamento do Espírito no Antigo Testamento não é exclusiva do profeta Joel (Is 32.15; 44.3-5; Ez 36.27,28; 37.14; Zc 12.10). David Hubbard está correto quando diz que o legado do Espírito pode ser: 1) retidão e justiça (Is 32.15-20); 2) fecundidade e devoção (Is 44.3-5); 3) descanso e refrigério (Is 63.10,11); 4) obediência (Ez 36.22-28). Em Joel a ênfase recai na comunhão com Deus e na comunicação da sua Palavra e de seus caminhos, conforme sugerem as referências a profecias e visões.[164]

A promessa do derramamento do Espírito foi cumprida no dia de Pentecostes (At 2.16). A descendência de Abraão, sobre quem Deus prometeu o derramamento do Espírito (Is 44.3-5) não é segundo a carne (Rm 2.28,29), pois todo aquele que crê em Cristo é filho de Abraão e herdeiro dessa gloriosa promessa (Gl 3.29; At 2.38,39). Por isso, quando o Espírito foi derramado na casa de Cornélio, Pedro não teve dúvidas de batizá-los e recebê-los na comunhão da igreja (At 10.34,35, 44-48).

A. R. Crabtree diz que no Antigo Testamento, o Espírito do Senhor apoderou-se de juízes (Jz 6.34), reis (1Sm 10.6,10; 11.6; 16.13), profetas (Is 61.1; Mq 3.8) e outros que possuíam dons especiais (Gn 41.38; Êx 31.3). Agora, porém, o profeta Joel tem uma visão do tempo quando todo o povo de Deus será dotado com o Espírito Santo.[165]

A quebra do preconceito sexual (2.28). "[...] vossos filhos e vossas filhas profetizarão...". O Espírito é derramado sobre filhos e filhas, servos e servas. Não há distinção. Não há separação. Não há acepção. Na igreja de Deus não há espaço para a marginalização das mulheres. Homem e mulher são um em Cristo (Gl 3.28). As mulheres também podem falar em nome do Senhor, conforme os oráculos de Deus, e podem profetizar como profetizaram as quatro filhas do diácono Filipe (At 21.8,9). Quando o Espírito foi derramado no Pentecostes havia entre o grupo várias mulheres. Elas também ficaram cheias do Espírito. Elas também receberam o dom do Espírito. Elas não foram discriminadas nem excluídas. Foram também revestidas de poder.

A quebra do preconceito etário (2.28). "[...] vossos velhos sonharão, e vossos jovens terão visões". Deus enche do seu Espírito os jovens e os velhos. Deus usa os velhos e os jovens. Ele não se limita à experiência do velho nem apenas ao vigor do jovem. Ele torna o jovem mais sábio que o velho (Sl 119.100) e o velho mais forte que o jovem (Is 40.29-31). Onde Deus derrama seu Espírito, os velhos recebem novo alento. Como Calebe, deixam de viver apenas de lembranças e começam a ter sonhos na alma para olharem para a frente, buscando novos desafios (Js 14.6-14). Onde o Espírito é derramado, os jovens recebem discernimento e compreensão das verdades de Deus. Não há conservadorismo nem renovacionismo inconseqüente. O Espírito de Deus não tem preconceito de idade. O idoso pode ser cheio do Espírito e sonhar grandes sonhos para Deus, enquanto o jovem pode ter grandes visões da obra de Deus. O velho pode ter vigor e o jovem discernimento e sabedoria. Onde o Espírito de Deus opera, velhos e jovens têm a mesma linguagem, o mesmo ideal, a mesma paixão e o mesmo propósito.[166]

A quebra do preconceito social (2.29). "Até sobre os servos e sobre as servas derramarei o meu Espírito naqueles dias". O Espírito de Deus não é elitista. Ele vem sobre o rico e sobre o pobre, sobre o doutor mais ilustrado e sobre o indivíduo mais iletrado. Quando o Espírito Santo é derramado sobre as pessoas, elas podem ser rudes como os pescadores da Galiléia, mas, na força do Senhor, revolucionam o mundo (1Co 1.27-29). Mesmo que tenhamos muitas limitações, o Espírito pode nos usar ilimitadamente. A obra de Deus não avança com base na nossa sabedoria e força, mas no poder do seu Espírito (Zc 4.6).

Em terceiro lugar, *o derramamento do Espírito sinaliza grandes intervenções de Deus* (2.30-32). Duas grandes intervenções de Deus são apontadas pelo profeta Joel.

O derramamento do Espírito aponta para o julgamento de Deus às nações (2.30,31). "Mostrarei prodígios no céu e na terra: sangue, fogo e colunas de fumaça. O sol se converterá em trevas, e a lua, em sangue, antes que venha o grande e terrível Dia do Senhor". Joel vislumbrou fenômenos que acompanharão o desdobramento do drama humano, ainda futuro, nos últimos dias.[167] O apóstolo João, exilado na Ilha de Patmos, fez referência oitocentos anos depois de Joel a esses mesmos fenômenos: "Vi quando o Cordeiro abriu o sexto selo, e sobreveio grande terremoto. O sol se tornou negro como saco de crina, a lua toda, como sangue" (Ap 6.12). O derramamento do Espírito aponta para o juízo de Deus às nações. Esse será um grande e terrível Dia do Senhor. Seus efeitos serão percebidos na terra e no céu. As colunas do universo serão abaladas. Os astros não darão sua claridade. Os homens não terão onde se esconder da presença daquele que se assenta no trono nem encontrarão qualquer lugar de refúgio. Será o grande Dia do Juízo. Esse dia será grande em sua natureza, pois será o último dia, o fim dos tempos, o começo da eternidade. Será grande em seu propósito, pois nesse dia homens e anjos serão julgados. Os salvos receberão sua recompensa, mas os réprobos serão banidos para sempre da presença do Senhor.

O derramamento do Espírito aponta para a salvação de Deus a todos os povos (2.32). "E acontecerá que todo aquele que invocar o nome do Senhor será salvo...". Naquele grande e terrível Dia do Senhor haverá salvação para aqueles que invocam o nome do Senhor, pois o derramamento do Espírito anunciou também o caminho da salvação. Esse derramamento do Espírito sobre toda a carne abre as portas da salvação para todos os que crêem. O Pentecostes foi um evento de salvação. Naquele dia, o apóstolo Pedro compreendeu que se cumpria a profecia de Joel (At 2.16). O evangelho foi pregado e cerca de três mil pessoas foram convertidas (At 2.39-41). O apóstolo Paulo citando Joel em sua carta aos Romanos diz que todo aquele que invoca o nome do Senhor é salvo (Rm 10.13). A salvação em Cristo, recebida pela fé, agora, é estendida a todos os povos, de todos os lugares, de todos os tempos. Nos dias de Joel, como nos dias de Paulo e também nos nossos, invocar o nome do Senhor, eis o único caminho da salvação.[168]

Warren Wiersbe está correto quando diz que a igreja de hoje precisa ser novamente cheia do Espírito de Deus. Sem o ministério do Espírito os cristãos não podem testemunhar com eficácia (At 1.8), compreender as Escrituras (Jo 16.13), glorificar a Cristo (Jo 16.14), orar de acordo com a vontade de Deus (Rm 8.26,27) nem desenvolver um caráter cristão (Gl 5.22,23). Precisamos orar pedindo um reavivamento, uma operação mais profunda do Espírito em seu povo que leva à confissão de pecados, ao arrependimento, ao perdão e à união.[169]

Notas do capítulo 5

[150] LOPES, Hernandes Dias. *Derramamento do Espírito*. Venda Nova: Editora Betânia, 1996, p. 74.

[151] WOLFENDALE, James. *The preacher's complete homiletic commentary.* Vol. 20, p. 220,221.

[152] HUBBARD, David Allan. *Joel e Amós*, p. 73.

[153] WIERSBE, Warren W. *Comentário bíblico expositivo*. Vol. 4, p. 417.

[154] WOLFENDALE, James. *The preacher's complete homiletic commentary.* Vol. 20, p. 221.

[155] WOLFENDALE, James. *The preacher's complete homiletic commentary.* Vol. 20, 221-223.

[156] HUBBARD, David Allan. *Joel e Amós*, p. 75.

[157] HUBBARD, David Allan. *Joel e Amós*, p. 75.

[158] PAPE, Dionísio. *Justiça e esperança para hoje*, p. 29.

[159] REED, Oscar F. *O livro de Joel*. Em *Comentário bíblico Beacon*. Vol. 5, p. 84.

[160] HUBBARD, David Allan. *Joel e Amós*, p. 78.

[161] WIERSBE, Warren W. *Comentário bíblico expositivo*. Vol. 4, p. 419.

[162] FEINBERG, Charles L. *Os profetas menores*, p. 79.

[163] GRONINGEN, Gerard Van. *Revelação messiânica no Velho Testamento*, p. 410.

[164] HUBBARD, David Allan. *Joel e Amós*, p. 79.

[165] CRABTREE, A. R. *Profetas menores*, p. 50.

[166] LOPES, Hernandes Dias. *Pentecoste: o fogo que não se apaga*. São Paulo: Editora Candeia, 2003, p. 73.

[167] PAPE, Dionísio. *Justiça e esperança para hoje*, p. 30.

[168] PAPE, Dionísio. *Justiça e esperança para hoje*, p. 31.

[169] WIERSBE, Warren W. *Comentário bíblico expositivo*. Vol. 4, p. 420.

Capítulo 6

Quando Deus julga as nações
Joel 3.1-21

Os homens sempre escarneceram da idéia do juízo.[170]

Nesse capítulo final Joel vai tratar do grande tema do livro: O Dia do Senhor. Como um fotógrafo Joel utiliza uma lente de grande abertura para o quadro geral de 2.30-32. Então, no capítulo 3, ele usa uma lente de aproximação para observar mais de perto o Dia do Senhor, com sua mistura de juízo e graça.[171]

Esse dia será de glória para o povo de Deus e juízo inevitável para os ímpios. Será dia de luz para uns e trevas para outros. Aqueles que perseguiram e pisaram o povo de Deus enfrentarão a ira do Deus Todo-poderoso. Enquanto Deus mudará a sorte do seu povo (3.1), despejará o malfeito dos ímpios sobre a própria cabeça (3.4,7).

O texto em tela pode ser sintetizado, segundo Warren Wiersbe, em quatro grandes tópicos: 1) A corte. Nos últimos dias, Deus convocará as nações para a corte suprema e as julgará pelos pecados cometidos contra seu povo (3.1-8); 2) A colheita. Deus chamará as nações para uma guerra santa e nesta peleja meterá a foice para ceifar os ímpios que estarão maduros para o juízo, ao mesmo tempo em que poupará seu povo gloriosamente (3.9-13); 3) A tempestade. As nações sentirão a ira de Deus, mas ele cuidará do seu povo e o protegerá (3.14-17); 4) O jardim. O livro de Joel inicia com seca e fome, mas termina com a descrição de uma terra que jorra vinho e leite. Deus perdoará graciosamente seu povo e habitará com ele. Deus dará a seu povo um novo começo (3.18-21).[172] Vejamos esses quatro pontos.

A corte – Deus entra em juízo com os ímpios (3.1-8)

Toda a ação está nas mãos de Deus. É ele quem muda a sorte do seu povo (3.1) e também quem convoca os ímpios para o juízo (3.2). Quem está assentado no trono é aquele que controla o universo. Os ímpios sempre pensaram que estavam no controle, mas no Dia do Juízo saberão que Deus é quem governa o mundo e o levará a juízo.

David Hubbard diz que é impossível fazer o resgate derradeiro do povo de Deus sem que haja um dia de acerto de contas para seus inimigos, que tanto contribuíram para seu sofrimento.[173] Antes do povo de Deus ser exaltado, seus inimigos serão fragorosamente derrotados. No tribunal de Cristo haverá livramento para uns e condenação para outros.

Algumas verdades devem ser destacadas.

Quando Deus julga as nações

Em primeiro lugar, *a acusação é formalizada* (3.2,3). Deus não apenas convoca as nações para o juízo, mas também constitui o tribunal. Ele não apenas é o promotor de acusação, mas também o juiz que lavra a sentença. Quais são os pecados denunciados nesse tribunal?

Os ímpios repartiram a terra do povo de Deus entre si (3.2). "[...] espalharam por entre os povos, repartindo a minha terra entre si". Aquela terra tinha sido dada por Deus ao seu povo, mas os invasores se apossaram dela e a repartiram entre si. Eles violaram o direito de posse. Eles transgrediram o oitavo mandamento: "Não furtarás" (Êx 20.15). Eles agiram com crueldade, saqueando bens e terras que não lhes pertencia.

Os ímpios dispersaram o povo de Deus (3.2). "Israel, a quem eles espalharam por entre os povos...". O povo judeu não foi apenas privado da posse de sua terra, mas também expulso dela. Eles foram banidos e dispersos por entre os povos. Os judeus enfrentaram a crueldade da diáspora. Viveram o drama do cativeiro em terra estranha. Foram tratados com brutal desumanidade. Warren Wiersbe descreve esses fatos da seguinte forma:

> Não há povo que tenha sofrido tanto nas mãos de outros homens como os judeus. Faraó tentou afogar o povo de Israel, mas, em vez disso, seu exército foi afogado por Deus. Balaão tentou amaldiçoar os hebreus, mas Deus transformou sua maldição numa bênção. Os assírios e babilônios capturaram os judeus e os levaram para o exílio, mas esses dois reinos poderosos não existem mais, enquanto os judeus ainda estão em nosso meio. Hamã tentou exterminar os judeus, mas ele e seus filhos acabaram enforcados. Nabucudonosor colocou três judeus numa fornalha de fogo, mas descobriu que Deus estava com eles e os livrou.[174]

O povo de Deus ao longo dos séculos tem sido perseguido pelo mundo. Os discípulos de Cristo foram perseguidos e

JOEL – o profeta do pentecostes

tiveram de fugir de cidade em cidade. Os cristãos primitivos foram banidos e dispersos pelos antros da terra. Os cristãos foram espoliados de seus bens, presos, torturados e mortos com brutal crueldade. Porém, esses crimes jamais ficarão impunes.

Os ímpios mercadejaram o povo de Deus (3.3,6). "Lançaram sortes sobre o meu povo, e deram meninos por meretrizes, e venderam meninas por vinho, que beberam". Oscar Reed está certo quando diz que os inimigos de Israel não mostraram consideração pelos seus cativos.[175] O povo de Deus foi tratado como mercadoria barata e vendido como escravo. Não apenas cometeram o grave pecado do tráfico humano, mas também praticaram um comércio aviltante, trocando meninos por meretrizes para sua diversão carnal e vendendo meninas por vinho, para se embebedarem. Os profetas Amós e Naum, de igual forma, condenaram severamente o tráfico de vidas humanas (Am 8.6; Na 3.10). Na verdade, pouca coisa irrita mais a Deus do que a desumanidade. Por preços irrisórios, pessoas foram permutadas como se fossem mercadorias (Am 2.6; 8.6) a troco de um momento de prazer, uma noite com meretrizes ou um odre de vinho.[176]

O profeta Joel denuncia o fato dos judeus terem sido vendidos aos gregos para os apartarem para longe da sua terra (3.6). Não apenas os venderam, mas os venderam com a intenção de que jamais pudessem retornar à sua terra. Venderam-nos com intenção maliciosa. O profeta Jeremias descreve essa mesma cena, falando sobre os babilônios: "[...] vos alegrais e exultais, ó saqueadores da minha herança, saltais como bezerros na relva e rinchais como cavalos fogosos" (Jr 50.11). A. R. Crabtree está com a razão quando afirma que as injustiças praticadas contra o homem são pecados contra

Deus. Aquele que despreza os direitos do homem mostra, ao mesmo tempo, o seu desprezo pela justiça divina e escárnio para com o Deus de amor.[177]

Os ímpios saquearam a Casa de Deus (3.5). "Visto que levastes a minha prata e o meu ouro...". Os inimigos de Judá não apenas lotearam sua terra, dispersaram e venderam o povo como escravo, mas também roubaram e saquearam o seu templo, apropriando-se de seu ouro e de sua prata (Dn 5.1-4).

Os ímpios profanaram a Casa de Deus (3.5). "[...] e as minhas jóias preciosas metestes nos vossos templos". Os invasores não se contentaram em apenas roubar a Casa de Deus, mas também levaram esses tesouros do templo para seus templos pagãos, profanando, assim, esses objetos, o culto e o próprio Deus (Dn 1.2).

Em segundo lugar, *o juiz é apresentado* (3.1-6). Deus é o agente da ação o tempo todo. O Senhor dirigirá um tribunal de justiça para julgar as nações pelas injustiças que tinham praticado contra o seu povo, a sua herança.[178] É Deus quem convoca as nações para o juízo. É Deus quem as denuncia, julga e condena. É Deus quem marca o tempo e o lugar do julgamento. É Deus quem formaliza a acusação, fundamenta o libelo acusatório e pronuncia a sentença. David Hubbard diz que o próprio Senhor fará uma acusação, na qualidade de promotor; e também dará o veredicto, na qualidade de juiz.[179] Vejamos alguns pontos importantes.

O tempo do julgamento é definido (3.1,2). "Eis que, naqueles dias e naquele tempo, em que mudarei a sorte de Judá e de Jerusalém, congregarei todas as nações e as farei descer ao vale de Josafá; e ali entrarei em juízo contra elas...". Nós não sabemos os tempos e as épocas, mas esse dia está imutavelmente estabelecido na agenda e no propósito de

Deus. Esse será o tempo do fim, será o grande Dia do Juízo, quando o Senhor Jesus, vindo na sua glória, se assentará em seu trono e passará a julgar as nações (Mt 25.31-46).

O lugar do julgamento é definido (3.2). "[...] e as farei descer ao vale de Josafá...". Embora o vale de Josafá seja um ponto geográfico específico, na cidade de Jerusalém, penso que a melhor interpretação é considerar esse lugar figuradamente. Esse é o único lugar na Bíblia em que o vale de Josafá é mencionado. Esse vale fica entre Jerusalém e o monte das Oliveiras, conhecido no Novo Testamento como o vale de Cedrom.[180] Warren Wiersbe está correto quando diz que o nome "vale de Josafá" pode muito bem ser simbólico, uma vez que "Josafá" significa "o Senhor julga".[181] Concordo com David Hubbard quando diz que a ênfase recai sobre o caráter legal do juízo, não sobre a localização geográfica.[182] O lugar do juízo é cósmico. Ele apenas indica que aquele que está assentado no trono é o juiz de vivos e de mortos e que ninguém escapará do seu juízo. João Calvino, por sua vez, entende que a menção do vale de Josafá enfatiza mais o livramento do povo de Deus do que a condenação dos ímpios.[183]

A razão do julgamento é definida (3.2). "[...] ali entrarei em juízo contra elas por causa do meu povo e da minha herança...". O povo de Judá havia pecado contra Deus, mas ainda era o povo da aliança. Deus disciplina seu povo, mas não o rejeita. Os invasores agiram com crueldade e deixaram de aperceber que eles eram apenas a vara da disciplina de Deus para corrigir Judá. O profeta Joel deixa claro que Judá era o povo de Deus, a sua herança particular (Dt 32.9). Quem fere o povo de Deus, toca na menina dos olhos de Deus. A coisa mais importante para Deus no universo é o seu povo.

Em terceiro lugar, *o réu é condenado* (3.4-8). Todas as nações e todos os homens terão de comparecer perante o tribunal de Cristo (2Co 5.10). Deus já marcou o Dia do Juízo e constituiu um juiz que julgará a todos os homens (At 17.31). Nesse dia, grandes e pequenos, reis e vassalos, servos e chefes, doutores e analfabetos, religiosos e ateus terão de comparecer diante do grande trono branco (Ap 20.11-15). O juiz virá, então, com grande glória e poder e se assentará em seu trono e passará a julgar as nações (Mt 25.31-46). Os livros serão abertos e os homens serão julgados segundo o que tiver escrito nesses livros (Ap 20.12). Suas palavras, suas obras, suas omissões e até seus pensamentos secretos os condenarão naquele tribunal. Nesse dia os homens desmaiarão de terror. Aqueles que viveram despercebidos e os que zombaram de Deus e do seu Cristo se encherão de pavor e buscarão a morte, mas não a encontrarão. Ninguém e nem mesmo nenhum lugar do universo poderá escondê-los da face daquele que está assentado no trono. Os poderosos deste mundo terão de enfrentar a ira do Cordeiro (Ap 6.12-17).

Algumas verdades solenes devem ser aqui destacadas.

A sentença é justa (3.4-8). "[...] farei, sem demora, cair sobre a vossa cabeça a vossa vingança..." (3.4,7,8). O malfeito contra o povo de Deus cairá sobre a cabeça dos malfeitores. Eles colherão exatamente o que semearam. Eles beberão o refluxo maldito do próprio fluxo venenoso. Eles sorverão o mesmo cálice que deram ao povo de Deus. Assim como eles venderam os filhos de Judá como mercadoria barata, trocando meninos por meretrizes e meninas por vinho, assim seus filhos também serão vendidos. O profeta diz em nome do Senhor: "Venderei vossos filhos e vossas filhas aos filhos de Judá, e estes, aos sabeus, a uma nação remota, porque o Senhor o disse" (3.8).

A sentença é certa (3.7). "Eis que eu os suscitarei do lugar para onde os vendestes e farei cair a vossa vingança sobre a vossa própria cabeça". Deus toma em suas mãos a vingança e reverte a situação. Traz os judeus dispersos e comercializados de volta à sua terra e dispersa os opressores. Aqueles que estavam no topo da pirâmide caem vertiginosamente para o abismo e os que estavam prostrados e humilhados são restaurados e levados a uma posição de honra.

A sentença é rápida (3.4). "[...] farei, sem demora, cair sobre a vossa cabeça, a vossa vingança". Naquele dia os recursos dos homens sucumbirão. O poder dos poderosos não poderá livrar-lhes. O dinheiro dos ricos não lhes servirá de garantia. A ruína dos ímpios será certa e a condenação deles rápida. Ninguém poderá livrá-los da ira do Cordeiro nem reverter sua sentença inexorável de condenação. Aqueles que escaparam da justiça dos homens jamais escaparão da justiça divina. Aqueles que subornaram juízes e testemunhas e compraram sentenças favoráveis por dinheiro jamais se livrarão do justo e rápido juízo de Deus.

A colheita – os ímpios se reúnem para o juízo final (3.9-13)

O próprio juiz está convocando as nações para uma guerra santa (3.9). Todos os valentes devem ser suscitados. Todos os recursos da terra devem ser reunidos. Todas as armas devem ser usadas. Todas as forças devem ser exploradas. Essa guerra é urgente, universal e medonha. Deus está desafiando todas as nações da terra que se levantaram contra ele e seu povo para essa peleja. Esse dia é visto pelo profeta como uma grande colheita. A Bíblia diz que a ceifa é a consumação do século e os ceifeiros serão os anjos (Mt 13.39; 24.31). O povo de Deus será recolhido como trigo para o celeiro (Mt 24.31; Ap 14.14-16), mas os ímpios serão ceifados como

Quando Deus julga as nações

uvas maduras para a lagaragem, onde serão esmagados e pisados sob a justa ira de Deus (Ap 14.17-20).

Algumas verdades precisam ser aqui destacadas.

Em primeiro lugar, *a guerra santa é declarada* (3.9-11). Destacamos algumas lições importantes.

Essa guerra é universal (3.9). "Proclamai isto entre as nações: Apregoai guerra santa e suscitai os valentes; cheguem-se, subam todos os homens de guerra". O próprio Deus é quem chama as nações para essa batalha. É a batalha final. É o Armagedom. Essa guerra é universal porque as nações todas são convocadas. Essa guerra é retumbante, porque todos os valentes e todos os homens de guerra são intimados. Todo arsenal da terra estará disponível nessa peleja. Essa guerra é santa porque nela o próprio Deus julgará o mundo com justiça. Essa guerra é santa porque nela Deus vingará a causa do seu povo. Essa guerra é santa porque nela o mal será finalmente desbancado e os inimigos de Deus e do seu povo serão derrotados completamente. Nessa guerra a única arma usada para derrotar os inimigos é a espada afiada que sai da boca do Rei dos reis e Senhor dos senhores (Ap 19.15,16).

Essa guerra é encarniçada (3.10). "Forjai espadas das vossas relhas de arado e lanças, das vossas podadeiras...". Os homens transformarão instrumentos de trabalho em armas de guerra. Eles se armarão até os dentes para essa peleja. Eles reunirão todos os seus esforços, todas as suas armas, todo o seu arsenal. J. J. Given diz que cada indivíduo nessa grande multidão pensará que sua missão é destruir o povo de Deus, a igreja do Deus altíssimo, e vê a si mesmo comissionado para esse propósito.[184]

Essa guerra é eletrizante (3.10b). "[...] diga o fraco: Eu sou forte". Os homens não apenas se reunirão em grandes multidões, fortemente armados, mas, também, buscarão encorajamento dentro de si mesmos. Charles Feinberg diz que tão grande será o desejo de destruir o povo de Deus que até os fracos se imaginarão fortes.[185] Os ímpios buscarão qualquer fio de esperança para triunfarem nessa batalha final. Eles se entusiasmarão com a possibilidade de uma vitória retumbante.

Essa guerra é urgente (3.11). "Apressai-vos, e vinde, todos os povos em redor, e congregai-vos...". Os povos virão de todos os recantos, de todos os lugares. Será uma guerra mundial. Será a batalha final. Será uma reunião urgente dos povos na mais fatídica e brutal batalha da História.

Em segundo lugar, *o desafiante é apresentado* (3.12). Três verdades são aqui destacadas.

Os desafiados são identificados (3.12). "Levantem-se as nações...". A guerra santa é declarada a todas as nações. Todos os povos da terra virão para esse combate. É uma batalha de cunho universal. Todos os ímpios fortalecerão seus braços para essa peleja.

O lugar da batalha é apontado (3.12). "[...] e sigam para o vale de Josafá...". O vale de Josafá ou vale da Decisão (3.14) não é um lugar onde os ímpios se converterão a Deus, mas o lugar onde Deus despejará sua ira santa sobre os ímpios, impondo-lhes fragorosa derrota e eterna condenação. Naquele dia Deus tomará a decisão e não os ímpios.[186]

O desafiante é revelado (3.12). "[...] porque ali me assentarei para julgar todas as nações em redor". As nações que afrontaram Deus serão julgadas e condenadas. Aquele que julga com justiça é o mesmo que se assenta no trono. Ele é Rei. Ele é o soberano juiz do universo. Diante dele todos terão de comparecer para serem julgados segundo suas obras.

Em terceiro lugar, *a condenação é aplicada* (3.13). Duas verdades são aqui apontadas.

O tempo da condenação é declarado (3.13). "Lançai a foice, porque está madura a seara...". O cálice da ira de Deus está cheio. A medida da transgressão dos povos transbordou. A seara está madura para a ceifa. O juiz se assenta no trono e diz: "Basta, e nenhum dia a mais!". Os homens pecam contra Deus e pensam que nada lhes acontecerá. Eles tentam a Deus e escapam. Mas o cálice da ira de Deus está se enchendo. Nesse dia Deus vindicará sua justiça. Nesse dia a porta da graça se fechará e os homens terão de enfrentar a ira daquele que está no trono.

A razão da condenação é exposta (3.13). "[...] vinde, pisai, porque o lagar está cheio, os seus compartimentos transbordam, porquanto a sua malícia é grande". Os ímpios serão pisados como as uvas maduras num lagar. O Dia do Juízo é comparado como uma lagaragem, onde os ímpios serão esmagados por causa de sua grande malícia (Ap 14.17-20). Oscar Reed diz que aqui, a colheita madura e os tanques transbordantes indicam o grau de maldade pelo qual as nações serão julgadas.[187]

A tempestade – a chegada do Dia do Senhor (3.14-17)

O profeta Joel passa a descrever a solenidade do Dia do Senhor, o grande Dia do Juízo. Nesse dia, enquanto os ímpios serão condenados, o povo de Deus será liberto. Deus se apresentará como o terror dos ímpios e como o refúgio do seu povo. Vejamos essas duas verdades sublimes.

Em primeiro lugar, *a condenação dos ímpios é inexorável* (3.14-16a). Algumas verdades solenes são aqui destacadas.

A condenação dos ímpios é abrangente (3.14). "Multidões, multidões no vale da Decisão! Porque o Dia do Senhor está perto, no vale da Decisão". As nações todas serão congregadas ao vale da Decisão. Esse vale não é um ponto geográfico da terra, mas o lugar cósmico onde Deus pronunciará a sentença contra os ímpios. Esse será o grande Dia do Senhor.

A condenação dos ímpios é inescapável (3.15). "O sol e a lua se escurecem, e as estrelas retiram o seu esplendor". Nesse dia o universo inteiro estará de luto. Os astros não darão sua claridade. Toda a terra estará em trevas e em convulsão e, as colunas do universo serão abaladas. Não haverá lugar seguro onde os homens encontrem refúgio ou possam se esconder da ira daquele que se assenta no trono (Ap 6.12-17). Não somente o sol e a lua não darão sua claridade, num total eclipse, mas também as estrelas retirarão o seu resplendor. As luzes do céu serão ofuscadas pelo indizível fulgor da glória daquele que se assentará no trono para julgar.[188] Matthew Henry diz que a glória e o brilho dos astros do firmamento serão eclipsados pelo brilho maior da glória do grande Juiz que aparecerá.[189] A condenação dos ímpios será inescapável. David Hubbard faz uma importante observação:

> Os céus escurecidos apontam para a intensidade tremenda e a dimensão cósmica da atividade divina. Toda a criação – inclusive as fontes fidedignas de luz e referenciais de tempo e orientação – vacila diante disso. No versículo 16, a ênfase passa da prova visível para a evidência audível da intervenção de Deus. A voz que trouxe o universo à existência na criação tem o poder de abalá-lo.[190]

A condenação dos ímpios será terrível (3.16a). "O Senhor brama de Sião e se fará ouvir de Jerusalém, e os céus e a terra tremerão...". Deus se apresenta nesse tribunal como um leão que ruge. Nenhum valente poderá enfrentá-lo. Ele triunfará sobre seus inimigos. A grande Babilônia será

Quando Deus julga as nações

destruída (Ap 17.1; 18.2). O falso profeta será derrotado e o anticristo destruído pela manifestação da vinda de Cristo, e ambos, lançados no lago de fogo (Ap 19.20). O diabo, o patrono do pecado, será, também, lançado no lago de fogo (Ap 20.10). A morte e o inferno igualmente serão lançados no lago de fogo (Ap 20.14). E finalmente, os ímpios; ou seja, todos aqueles cujos nomes não forem encontrados no livro da vida, serão de igual forma condenados ao fogo eterno (Ap 20.15). Dionísio Pape está correto quando afirma que a crise da humanidade não se resolverá nem pela política internacional nem pelo progresso científico. O homem precisa buscar a Deus, o Deus de Joel, o Deus da Bíblia.[191] E, segundo o profeta Isaías, deve buscá-lo enquanto se pode achar e invocá-lo enquanto está perto (Is 55.6).

Em segundo lugar, _a libertação do povo de Deus é gloriosa_ (3.16b,17). Quatro verdades são aqui ressaltadas.

Deus é o libertador do seu povo (3.16b). "[...] mas o Senhor será o refúgio do seu povo, e a fortaleza dos filhos de Israel". O universo abalado e os terrores do julgamento serão sucedidos pelo reino que não se abalará, uma vez que Deus será a fortaleza do seu povo e habitará com seu povo, diz James Wolfendale.[192] O Dia do Juízo será dia de glória para a igreja. Ao mesmo tempo em que os ímpios vão ouvir do justo e reto juiz: "Apartai-vos de mim, malditos..." (Mt 25.41), a igreja ouvirá: "Vinde, benditos de meu Pai..." (Mt 25.34). Os ímpios não prevalecerão na congregação dos justos, mas serão como a palha que o vento dispersa. O povo de Deus que foi odiado, perseguido, disperso e mercadejado será poupado, liberto e glorificado naquele grande dia.

Deus habitará com o seu povo (3.17). "Sabereis, assim, que eu sou o Senhor, vosso Deus, que habito em Sião, meu santo monte...". Enquanto os ímpios serão banidos para sempre da face do Senhor (2Ts 1.9), os salvos desfrutarão da eterna presença do Senhor. Deus habitará com eles e eles serão povos de Deus (Ap 21.1-3). Nossa comunhão com Deus, então, será ininterrupta. O próprio Senhor será o santuário (Ap 21.22). Hoje ele habita em nós (1Co 6.19), então, nós habitaremos nele (Ap 21.22)

Deus santificará o seu povo (3.17). "[...] e Jerusalém será santa...". Naquele dia, receberemos um corpo novo, glorificado, semelhante ao corpo da glória de Cristo (Fp 3.21). Nenhuma contaminação entrará na nova Jerusalém (Ap 21.27). A igreja será bela por fora (Ap 21.9-11) e bela por dentro (Ap 21.19,20). Ela resplandecerá a glória do Cordeiro e será apresentada a ele como noiva pura, santa e sem mácula (Ap 21.9-11).

Deus protegerá o seu povo (3.17). "[...] estranhos não passarão mais por ela". Os inimigos da igreja jamais poderão roubar essa glória da igreja. O céu é o nosso destino final e de lá jamais seremos banidos. O inimigo não estará no céu. O pecado não entrará no céu. O sofrimento não chegará ao céu. Desfrutaremos das glórias inefáveis da bem-aventurança eterna.

O jardim – o mundo restaurado de Deus (3.18-21)

Joel começa o seu livro fazendo uma descrição dramática da assolação da terra de Judá pela invasão dos gafanhotos, onde o Jardim do Éden foi transformado em deserto. Agora, na restauração de todas as coisas, ele vê os montes, os outeiros, os lugares mais áridos da terra se transformando em pomares frutuosos, em jardins engrinaldados de vida e beleza.

Quatro verdades preciosas podem ser aqui destacadas.

Em primeiro lugar, *Deus restaura a criação* (3.18). "E há de ser que, naquele dia, os montes destilarão mosto, e os

Quando Deus julga as nações

outeiros manarão leite, e todos os rios de Judá estarão cheios de águas; sairá uma fonte da Casa do Senhor e regará o vale de Sitim". Em fascinante linguagem simbólica Joel descreve o futuro glorioso do povo de Deus. Não apenas o povo de Deus será remido e glorificado, mas também a criação que, agora, geme sob o cativeiro da corrupção, será glorificada (Rm 8.21-25). Deus transformará não apenas nosso corpo de humilhação em corpo de glória, mas, também, renovará toda a obra da criação. Então, haverá novos céus e nova terra (Ap 21.1).

Em segundo lugar, *Deus faz justiça a seu povo* (3.19,20). "O Egito se tornará em desolação, e Edom se fará um deserto abandonado, por causa da violência que fizeram aos filhos de Judá, em cuja terra derramaram sangue inocente, Judá, porém, será habitada para sempre, e Jerusalém, de geração em geração". O Egito e Edom são aqui um símbolo de todas as nações hostis e de todos os inimigos do povo de Deus. Enquanto o povo de Deus é poupado, liberto e glorificado; os seus inimigos são desamparados. Enquanto o povo de Deus habitará seguro numa terra que jorra vinho e leite; seus inimigos viverão em total desolação.

Em terceiro lugar, *Deus purifica graciosamente o seu povo* (3.21). "Eu expiarei o sangue dos que não foram expiados...". O povo de Deus é aquele cujos pecados foram expiados. O povo de Deus é aquele que foi lavado no sangue do Cordeiro. Eles não entrarão na Sião celestial por seus méritos, mas pelos portais da graça. A igreja glorificada não é formada por esta ou aquela denominação, mas por todos aqueles que foram comprados e lavados no sangue de Jesus. O profeta Zacarias diz que "naquele dia, haverá uma fonte aberta para a casa de Davi e para os habitantes de Jerusalém, para remover o pecado e a impureza" (Zc 13.1). O profeta Ezequiel descreve essa purificação.

> Tomar-vos-ei de entre as nações, e vos congregarei de todos os países, e vos trarei para a vossa terra. Então, aspergirei água pura sobre vós, e ficareis purificados de todas as vossas imundícias e de todos os vossos ídolos vos purificarei. Dar-vos-ei coração novo e porei dentro de vós espírito novo; tirarei de vós o coração de pedra e vos darei coração de carne. Porei dentro de vós o meu Espírito e farei que andeis nos meus estatutos, guardeis os meus juízos e os observeis (Ez 36.24-27).

Essa expressão: "eu expiarei o sangue dos que não foram expiados" é entendida, também, por alguns eruditos, como a aplicação da vingança justa de Deus contra os inimigos que perseguiram e mataram o povo de Deus (Ap 6.10,11).[193] Calvino já entende que esse texto fala acerca da purificação da maldade do próprio povo de Deus, a fim de que ele possa brilhar em sua presença.[194]

Em quarto lugar, *Deus habita eternamente com o seu povo* (3.21b). "[...] porque o Senhor habitará em Sião". O céu é o trono do grande Rei. É a Casa do Pai. É o paraíso. É o Jardim do Éden restaurado. É a Nova Jerusalém, a Cidade Santa, onde o Senhor habitará para sempre com o seu povo. David Hubbard chega mesmo a afirmar que a característica maior do Dia do Senhor não é a guerra que ele trava contra seus inimigos no vale da Decisão, nem o refrigério que dá a seu povo, mas sua presença renovada, restaurada e permanente com eles.[195]

A profecia de Joel começa com uma tragédia: a invasão dos gafanhotos; mas termina em triunfo, com o reinado do Rei dos reis e Senhor dos senhores. "O reino do mundo se tornou de nosso Senhor e do seu Cristo, e ele reinará pelos séculos dos séculos" (Ap 11.15). Aleluia!

NOTAS DO CAPÍTULO 6

[170] Malaquias 2.17; Mateus 24.37-39; 2Pedro 3.3-7.

[171] HUBBARD, David Allan. *Joel e Amós*, p. 84.

[172] WIERSBE, Warren W. *With the Word*, p. 580.

[173] HUBBARD, David Allan. *Joel e Amós*, p. 84.

[174] WIERSBE, Warren W. *Comentário bíblico expositivo*. Vol. 4, p. 421.

[175] REED, Oscar F. *O livro de Joel*. Em *Comentário bíblico Beacon*. Vol. 5, p. 86.

[176] HUBBARD, David Allan. *Joel e Amós*, p. 86.

[177] CRABTREE, A. R. *Profetas menores*, p. 55.

[178] CRABTREE, A. R. *Profetas menores*, p. 53.

[179] HUBBARD, David Allan. *Joel e Amós*, p. 85.

[180] CRABTREE, A. R. *Profetas menores*, p. 52,53.

[181] WIERSBE, Warren W. *Comentário bíblico expositivo*. Vol. 4, p. 420.

[182] HUBBARD, David Allan. *Joel e Amós*, p. 85.

[183] CALVINO, João. *Commentaries on the twelve minor prophets*. N.d., p. 5.

[184] GIVEN, J. J. *Joel. In The pulpit commentary*. Vol. 13, p. 55.

[185] FEINBERG, Charles L. *Os profetas menores*, p. 81,82.

[186] FEINBERG, Charles L. *Os profetas menores*, p. 82.

[187] REED, Oscar F. *O livro de Joel*. Em *Comentário bíblico Beacon*. Vol. 5, p. 87.

[188] GIVEN, J. J. *Joel*. In *The pulpit commentary*. Vol. 13, p. 56.

[189] HENRY, Matthew. *Matthew Henry's commentary*, p. 1.127.

[190] HUBBARD, David Allan. *Joel e Amós*, p. 91.

[191] PAPE, Dionísio. *Justiça e esperança para hoje*, p. 33.

[192] WOLFENDALE, James. *The preacher's complete homiletic commentary*. Vol. 20, p. 237.

[193] KEIL, C. F. e DELITZSCH, F. *Commentary on the Old Testament*. Vol. 10, p. 231,232; GIVEN, J. J. *The pulpit commentary*. Vol. 13, p. 52,53.

[194] CALVINO, João. *Commentaries on the twelve minor prophets*. N.d., p. 31.

[195] HUBBARD, David Allan. *Joel e Amós*, p. 96.

Sua opinião é importante para nós.
Por gentileza, envie-nos seus comentários pelo e-mail:

editorial@hagnos.com.br

Visite nosso site:

www.hagnos.com.br